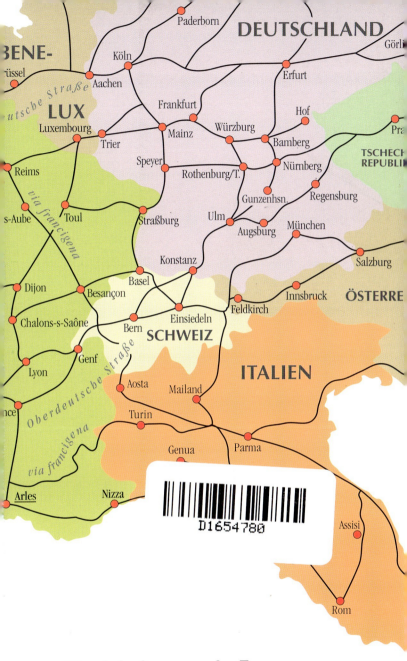

Die Jakobswege in Europa
© Verlag Manfred Zentgraf, D-97332 Volkach

Hans J. Kolbinger

Auf dem Jakobsweg
von Prag über Regensburg und Eichstätt bis Donauwörth

Der Ostbayerische Jakobsweg und die tschechische Südvariante

Tyrolia-Verlag · Innsbruck-Wien

Widmung
den treuen Freunden unter meinen ehemaligen Mitarbeitern in
Shanghai/China, denen mein Engagement für die Jakobspilgerei
immer als eine höchst exotische Angelegenheit vorkam.
in memoriam

陈志佳

Vorwort

Plötzlich sieht man sie wieder, einzeln oder in kleinen Gruppen, bei Wind und Wetter. Mancher reibt sich vielleicht verwundert die Augen – Fußgänger über freies Feld? Fremde, mitten im dichtesten Wald, wo man seit Jahren keinem Menschen mehr begegnet ist? Spartanisch ausgerüstete Rucksackträger in den schicken Fußgängerzonen unserer Innenstädte? Schwer mit Gepäck beladene Fahrräder, die abseits der Touristenrennbahnen vor Kircheneingängen parken? Und doch glaubt man sie irgendwie zu erkennen, auch wenn sie keine Muschel umgehängt hätten. In der Tat – es sind Jakobspilger oder Wanderer auf dem Jakobsweg. Obwohl es von Prag aus gesehen noch 3000 km bis zum Fernziel Santiago de Compostela sind, so machen sich neuerdings auch von dort Menschen je nach ihren Möglichkeiten abschnittsweise oder gleich im Ganzen auf den Weg über diese 1000 Jahre alte, ganz Europa verbindende Pilgerroute. Natürlich sind die Risiken einer solchen Pilgerreise im Handy-Zeitalter nicht mehr übermäßig groß. Man bewegt sich durch eine kurzweilige, schöne Kulturlandschaft, die gut erschlossen und sicher ist. Trotzdem ist vielleicht dieses Wandern auf den Jakobswegen eine der wenigen verbliebenen Möglichkeiten in Europa, noch wirklich authentische Erfahrungen zu sammeln.

Zwar wird die Redewendung „Der Weg ist das Ziel" häufig im Zusammenhang mit Pilgern oder Wandern auf dem Jakobsweg gebraucht, vermutlich, weil sie sich so schön paradox anhört, aber sie erklärt eigentlich nichts. Denn wenn wirklich nur der Weg das Ziel wäre, dann müssten andere Weitwander-Diagonalen durch Europa ebenso beliebt sein, wie z. B. der Europa-Fernwanderweg E8, der von Irland bis an die türkische Grenze nach Bulgarien verläuft. Oder warum nicht eine Umrundung der Alpen? Über die wahren Beweggründe der Jakobspilger kann man nur spekulieren: Stark muss die Motivation in jedem Falle sein, um sich weder von Hitze, Kälte oder Regen abhalten zu lassen, jeden Morgen aufzubrechen, und das während ein, zwei oder noch mehr Wochen bzw. sogar Monaten. Vermutlich sind sich die meisten anfangs gar nicht recht im Klaren darüber, warum plötzlich der Wunsch, gerade diesen Weg zu begehen, wie eine Art Vision vor ihnen aufsteigt und sie nicht mehr loslässt, sodass sie sich häufig zum Erstaunen des persönlichen Umfeldes relativ abrupt auf den Weg machen. Vielleicht hat Pfarrer Hannes Lorenz aus Regensburg – ein junger Theologe, aber „alter" Santiagopilger – doch Recht mit seiner Erkenntnis: „Wer immer sich auf den Weg nach Santiago macht, kommt als Pilger zurück".

Regensburg, im Frühjahr 2006   Hans J. Kolbinger

Inhalt

Einleitung: Der Weg und seine Geschichte 8
Praktische Hinweise und Erläuterungen 11
   Authentizität 11
   Kunst und Kultur 11
   Ausrüstung 11
   Füße / Blasen 12
   Training 12
   Hunde 13
   Kommunikation 13
   Markierung und Beschilderung.......................... 13
   Orientierung... 14
   Kartenmaterial 15
   Kontakte und Links 16

Strecken- und Etappenplaner 18
   für Fußpilger in Tschechien 19
   für Fußpilger in Ostbayern 22
   für Radpilger in Tschechien............................ 26
   für Radpilger in Ostbayern 28

Unterkünfte 31
   für Fußpilger in Tschechien 32
   für Fußpilger in Ostbayern 34
   für Radpilger in Tschechien............................ 37
   für Radpilger in Ostbayern 39

**Die tschechische Südvariante des Jakobsweges
– für Fußpilger (220 km)** 41
Etappe 1: Prag – Radotín 24,2 km 42
Etappe 2: Radotín – Karlštejn – Třebaň 18,2 km 48
Etappe 3: Třebaň – (▶ à Mníšek pod Brdy) – Dobříš 19,8 km .. 51
Etappe 4: Dobříš – Příbram 22,5 km 54
Etappe 5: Příbram – Rožmitál pod Třemšínem 19,3 km 58
Etappe 6: Rožmitál – Kasejovice 25,7 km 60
Etappe 7: Kasejovice – Nepomuk 16,5 km 63
Etappe 8: Nepomuk – Klatovy 35,9 km 66
Etappe 9: Klatovy – Kdyně 26,8 km...................... 70
Etappe 10: Kdyně – Grenzübergang Všeruby / Eschlkam 11,4 km 72

Der Ostbayerische Jakobsweg – für Fußpilger (273 km) 74
Etappe 11: Grenzübergang – Neukirchen b. Hl. Blut 14,9 km ... 75
Etappe 12: Neukirchen b. Hl. Blut – Bad Kötzting 18,3 km 82
Etappe 13: Bad Kötzting – Stallwang 29,9 km 86
Etappe 14: Stallwang – Wörth an der Donau 27,3 km 95

Etappe 15: Wörth a. d. Donau – Regensburg 28,8 km 99
Etappe 16: Regensburg 1,8 km. 104
Etappe 17: Regensburg – Kelheim 25,2 km 114
Etappe 18: Kelheim – Altmannstein 21,2 km. 119
Etappe 19: Altmannstein – Stammham 20,9 km. 129
Etappe 20: Stammham – Eichstätt 27,0 km 134
Etappe 21: Eichstätt – Rennertshofen 27,2 km. 141
Etappe 22: Rennertshofen – Donauwörth 30,1 km 147

Die tschechische Südvariante des Jakobsweges
– für Radpilger (198 km). 154
Etappe 1: Praha / Prag – Hořovice 66,0 km. 155
Etappe 2: Hořovice – Plzeň / Pilsen 58,0 km 156
Etappe 3: Plzeň / Pilsen – Kdyně 64,6 km 162
Etappe 4: Kdyně – Grenzübergang Všeruby / Eschlkam 9,8 km 166

Der Ostbayerische Jakobsweg – für Radpilger (246 km) 168
Etappe 5: Grenzübergang Všeruby / Eschlkam
 – (Neukirchen b. Hl. Blut) – Cham 34,0 km 169
Etappe 6: Cham – Walderbach 24,2 km. 175
Etappe 7: Walderbach – Regensburg 39,7 km. 178
Etappe 8: Regensburg – Bad Gögging 49,8 km. 182
Etappe 9: Bad Gögging – Ingolstadt 37,2 km 187
Etappe 10: Ingolstadt – Donauwörth 58,6 km. 194

Dank / Nachwort 200
Literatur. 201

Einleitung: Der Weg und seine Geschichte

„Das baierische Volk ist kirchlich, schlecht und recht, geht und läuft gerne wallfahrten, hat auch viele kirchliche Aufzüge …" – warum wohl begann Johannes Thurmair, genannt Aventinus, in seiner 1533 vollendeten „Baierischen Chronik" die Charakterisierung seiner Landsleute ausgerechnet mit diesem Satz? Etwas davon muss uns jedenfalls geblieben sein, denn Wallfahrten, Bittgänge und Prozessionen sind hierzulande immer noch beliebt. Nur die bedeutendste Pilgerfahrt der europäischen Christenheit, die zum legendären Grab des hl. Jakobus in Santiago de Compostela, schien fast völlig aus dem Gedächtnis verschwunden zu sein. Es mussten offenbar erst Förderer von außerhalb kommen – etwa die in der Fränkischen St. Jakobusgesellschaft zu Würzburg zusammengeschlossenen Santiagopilger –, um die Ostbayern an diese Tradition zu erinnern, die in der Tat auch die ihre ist, wie bei der Wiederbelebung der Route über Regensburg und Eichstätt rasch zutage trat.

Irgendwie erschien es jedoch unangemessen, den Ostbayerischen Jakobsweg so ganz profan an der politischen Grenze zur Tschechischen Republik beginnen zu lassen, umso mehr, als diese lange verriegelte Grenze gerade erst geöffnet worden war. Historisch gesehen gab es ohnehin nie Zweifel an den engen und vielfältigen Verbindungen zwischen Böhmen und Bayern. Wurde doch Böhmen von Regensburg aus missioniert und kein Geringerer als der hl. Wolfgang stimmte 973 in seiner Eigenschaft als Bischof von Regensburg der Herauslösung eines eigenen Bistums Prag aus seinem Diözesange-

Die Karlsbrücke in Prag

biet zu. Mindestens bis zum 14. Jh. war Regensburg die wichtigste Fernhandelsverbindung Böhmens in den Westen (danach wurde es Nürnberg und schließlich Wien). Was konnte also besser geeignet sein, an der Wiederbelebung gut-nachbarschaftlicher Beziehungen mitzuwirken, als nicht nur Ostbayern, sondern gleich auch das westliche Böhmen an das Netz der wiederbelebten Jakobswege anzuschließen. Auch in dem Bewusstsein, dass die lange, gemeinsame Geschichte mehrmals durch Phasen bitterer Feindschaft unterbrochen wurde, etwa im 15. Jh. in der Zeit der Hussitenkriege, im 30-jährigen Krieg und – schlimmster aller Schrecken – im Zweiten Weltkrieg samt seinen weltpolitischen Folgen.

Die in diesem Buch beschriebene Route – also das östliche Teilstück der „Direttissima Prag – Regensburg – Augsburg – Bodensee – Maria Einsiedeln" – beginnt daher folgerichtig vor dem ehemaligen Jakobskloster Sv. Jakuba in Prag. Noch in Böhmen verbindet sie drei weitere Jakobskirchen – die von Příbram, Kasejovice und Nepomuk. Sie verläuft durch die einstmals bedeutenden Marienwallfahrtsorte Příbram und Klatovy sowie durch den Geburtsort des populären „Brückenheiligen", des hl. Johannes von Nepomuk.

In Bayern sollte der „neue" Weg natürlich den uralten Verbindungswegen im Bereich der Furth-Chamer Senke folgen. Hierbei stellte sich zwischen Cham und Eschlkam – beide haben Pfarrkirchen mit einem Jakobuspatrozinium – eine schwierige Entscheidung: Seit je war die Straße über Cham die Hauptroute zur Donau. Der Weg über den Neumarker Sattel nach Eschlkam und Neukirchen bildete eine eher auf Straubing zu gerichtete Nebenroute. Die Straße über Cham ist auch heute noch die wichtigere, leider aber auch belegt durch die Bundesstraßen 16 und 20 – nicht gerade eine Traumstrecke, schon gar nicht für Radfahrer und Fußgänger. So erwies es sich als glückliche Fügung, dass über Eschlkam mit dem Kötztinger Weg des Bayerischen Wald-Vereins bereits eine durchgängige Verbindung für Fußwanderer existierte sowie über Cham mit dem Chambtal- und Regental-Radweg eine solche für Radfahrer. Und so ist es gekommen, dass die Fußroute über Eschlkam / Bad Kötzting und die Radroute über Cham führen.

Die Fußgänger durchqueren also den nördlichen Teil des Bayerischen Waldes und erreichen die Donau bei Regensburg, dem bedeutendsten religiösen, politischen und wirtschaftlichen Zentrum des Mittelalters mit dem ersten sicheren Donauübergang in Gestalt der im 12. Jh. errichteten Steinernen Brücke. Ab Regensburg folgt man im Prinzip dem Lauf der Donau flussaufwärts und durchquert dabei zwischen Kelheim und Kloster Weltenburg den weltberühmten Donaudurchbruch. In seinem weiteren Verlauf benützt der Weg die bequemen Forststraßen durch die großen Waldgebiete am Nordufer, um nach Eichstätt, einem weiteren bedeutenden religiösen Zentrum mit großer Vergangenheit, zu gelangen. Auf weiten Strecken folgt man hierbei schnurgerade entweder den Resten des Rätischen Limes oder den Trassen der ihn ehemals begleitenden Römerstraßen.

In Eichstätt wendet sich die Route nach Süden über die Hochflächen des Fränkisch-Schwäbischen Jura. Über das ehemalige Zisterzienserkloster Kaisheim erreicht sie schließlich etwa auf der Höhe der Lechmündung die ehemals Freie Reichsstadt Donauwörth. Dort mündet unser Weg in den ebenfalls neu eröffneten Jakobsweg von Bayerisch Schwaben, der von Oettingen am Nördlinger Ries herkommend weiter nach Augsburg und Lindau verläuft und der damit unser fast 500 km langes Teilstück durch Westböhmen und Ostbayern an den so genannten Schwabenweg durch die Schweiz anbindet.

Die Wegvariante für die Eiligen auf dem Fahrrad verläuft parallel. Sie hält sich aber aus praktischen Gründen sowohl in Böhmen als auch in Ostbayern an die Radwanderwege der Regionen. Dabei ist sie so geführt, dass sie ebenfalls Stätten religiöser Verehrung sowie solche von historischer, kultureller und touristischer Bedeutung berührt, darunter in Böhmen die Stadt Pilsen und in Bayern u. a. die Städte Cham, Ingolstadt und Neuburg a. d. Donau.

Die beiden neuen Wege wurden am 16. Juli 2004 in St. Jakob zu Regensburg durch Bischof Gerhard Ludwig Müller und am 25. Juli 2004 durch Bischof Walter Mixa im Hohen Dom zu Eichstätt eingeweiht.

Die Einweihung des Jakobsweges

PRAKTISCHE HINWEISE UND ERLÄUTERUNGEN

Authentizität
Der Jakobsweg durch Westböhmen und Ostbayern ist nicht als eine Art religiös-historischer Lehrpfad gedacht (den würde man heutzutage besser mit dem Auto befahren), sondern als ein auf die heutigen Verhältnisse und Bedürfnisse zugeschnittener Weg für Jakobspilger mit dem Fernziel Santiago entlang der historischen Routen. Die Route ist so geführt, dass sie sich speziell auch für Wallfahrer und Wanderer empfiehlt, die eher lokale Ziele anlaufen wollen.

Kunst und Kultur
Der vorliegende Band will und kann nicht geistlicher oder spiritueller Wegbegleiter sein. Aber er soll auch nicht nur als Wegbeschreibung dienen, sondern vielmehr als eine Art Kompendium für Jakobspilger und Weitwanderer, die diese Routen aus religiösen, spirituellen, kultur- und kunsthistorischen Gründen oder auch aus touristischen Gründen begehen oder befahren wollen. Es soll sich damit erübrigen, weitere schwere Konvolute oder eigene Aufzeichnungen zusammensuchen und mitschleppen zu müssen. Mit Absicht konzentriert sich der Band ausschließlich auf bemerkenswerte Fixpunkte unmittelbar an der Strecke (von denen es zugegebenermaßen immer noch mehr als genug gibt), weil sich erfahrungsgemäß besonders Weitwanderer bald zwischen Besichtigen und Vorankommen entscheiden müssen – und, auch unter dem Gesichtspunkt der begrenzten körperlichen Leistungsfähigkeit, häufig Letzteres vorziehen.

Ausrüstung
- **Rucksack:** Bei Weitwanderungen sollte sein Gesamtgewicht für Nicht-Athleten (einschließlich Ess- und Trinkvorrat) etwa 12% des eigenen Körpergewichtes nicht überschreiten. Regenhülle nicht vergessen!
- **Regenschutz:** Moderne Outdoor-Bekleidung hat dieses Problem wesentlich entschärft. Aber immer noch schwören die einen auf einen Regenschutz in Gestalt eines Überwurfes (Stichwort „Poncho", vielleicht sogar mit einer integrierten Ausbuchtung für den Rucksack). Andere lehnen ihn wiederum ab, weil er bei Wind wie ein Segel flattert und das ablaufende Wasser auf die Beine verteilt. Sie bevorzugen vielmehr körpernahe Membrankleidung (Anorak und Regenhose), weil man sie universell auch als Wind- und Kälteschutz verwenden kann. Sie hat aber wiederum den Nachteil, dass man manchmal mit Kondensatbildung und Wärmestau zu kämpfen hat. Regenschirme schützen nur den Oberkörper, schränken die Sicht ein und sind instabil bei Wind.
- **Schuhe:** Für längere Strecken benötigt man zwei Paar Schuhe, auch zum abendlichen Wechsel, aber immer mit guter bis hervor-

ragender Dämpfung, z. B. ein Paar leichter „Walking"-Schuhe mit breitem Vorfuß, die man auf ebenen, harten Untergründen (Straßen) benützt. Und ein Paar knöchelhoher „Hiking"-Schuhe für raue Strecken abseits gebahnter Wege, im hohen Aufwuchs oder bei Regenwetter. Jedenfalls sollten sie eher „ausgelatscht" als zu neu und bereits mehrfach durchgeschwitzt oder durchnässt worden sein. Bewährt hat sich auch ein zusätzliches Paar leichter Moosgummi-Schlappen mit Zehenriemchen für die Verwendung in Gemeinschaftsräumen oder -duschen.

- **Wanderstöcke:** Für Nicht-Athleten und besonders für Ältere sehr empfehlenswert ist ein Paar (!) Teleskop-Wanderstöcke. Ein Pilgerstab (profan auch Alpenstange genannt) mag zwar ganz dekorativ sein, erfüllt denselben funktionellen Zweck aber nur, wenn seine Länge mindestens der Körpergröße entspricht und er auch das Körpergewicht zu tragen vermag. Wanderstöcke sind auch gut geeignet, hohe Vegetation von sich fern zu halten (Brennnesseln, Brombeerranken oder nasses Gras) bzw. die nicht ungefährlichen Zecken, die man sonst eventuell abstreifen könnte.

Füße / Blasen

Im 21. Jh. dürften nur noch Ausdauersportler oder vereinzelte Barfußläufer eine Fußhaut haben, die robust genug ist, tagelange Märsche unbeschadet zu überstehen. Regelmäßige Fußpflege am Morgen vor dem Abmarsch kann Blasenbildung verhindern und ist daher sehr empfehlenswert. Bevorzugen die einen Hirschtalg oder Melkfett, so nehmen andere synthetische Fußcremes. Die Santiagopilgerin Elfriede Schütz aus Wörth schwört zusätzlich auf Heilwolle (nichtentfettete Schafwolle) und hat damit schon etliche Leute überzeugt. Blasen sollte man behandeln, sobald man ihr Entstehen bemerkt, nicht erst am Abend oder wenn bereits Blut durch die Socken sickert. Meiner Erfahrung nach sind dafür Gelpflaster am besten geeignet. Wenn man sie sorgfältig aufbringt, sind sie steril und haften mehrere Tage. Wenn sie nach einigen Tagen beginnen, von selbst abzufallen, hat der Körper die Flüssigkeitsansammlung meist resorbiert. Nur sollte man sie zusätzlich mit einem chirurgischen Klebeband (Tape) abdecken. Denn manchmal quetscht sich etwas von dem Gel heraus und verteilt sich untrennbar in den Socken.

Training

Wer nur wenige Tage oder ein Wochenende auf dem Weg unterwegs ist (etwa auf einer Wallfahrt), kann dies als eine Art Gewaltmarsch betrachten, den man immer irgendwie übersteht. Wer sich längere Strecken vorgenommen hat, wird sich mit der Zeit einlaufen. Pilgern auf dem Jakobsweg ist ja kein sportlicher Wettbewerb, etwa wie ein Marathonlauf. Aber man sollte nicht antreten, ohne sich vorher vergewissert zu haben, dass man seinen Rucksack mit dem vorgesehenen Gesamtgewicht z. B. acht Stunden am Stück tragen kann, ohne am Abend völlig erschöpft zu sein – auch bei Regen oder großer Hitze.

Hunde

Hundehaltung ist in Böhmen offenbar weit verbreitet. Meistens auf eingezäunten Grundstücken gehalten, machen sie sich häufig lautstark bemerkbar. Entgegen manch anders lautender Ratschläge ist es weniger empfehlenswert, zur Abwehr z. B. aggressiv mit Stöcken herumzufuchteln. Im Notfall ist es besser, sich bestimmt, aber doch defensiv einen Umweg um dasjenige Territorium herum zu suchen, das der Hund offenbar meint verteidigen zu müssen.

Kommunikation

Unüberwindliche Sprachprobleme treten in Tschechien selten auf. Einmal identifiziert als Ausländer bzw. Deutscher, versuchen die Leute häufig, unsereins durch Wechsel ins Deutsche (ältere Leute) oder Englische (jüngere) entgegenzukommen. Wenn Ihnen in Bayern jemand in seinem angestammten Dialekt antwortet, freuen Sie sich darüber, weil er damit demonstriert, dass er Sie als seinesgleichen einschätzt.

Markierung und Beschilderung

Das Markierungssystem in Tschechien gehört wohl mit zum Besten, was man in Europa finden kann. Es benützt Querstriche in einer der vier Grundfarben (rot, grün, blau, gelb), oben und unten begrenzt durch je einen weißen Strich (im Prinzip farbiger Querstrich auf weißem Grund). Die Markierungen sind meist aufgemalt oder gesprüht und wirken gepflegt. Die allgemein anerkannten Markierungsregeln bzgl. Häufigkeit und Eindeutigkeit sind eingehalten. Abzweigungen und Richtungsänderungen werden durch Pfeile in den jeweiligen Farben dargestellt, in schwierigeren Fällen sogar vorangekündigt. Die Markierungen beginnen häufig an Haltestellen von Bus oder Bahn und sind (offenbar mit Ausnahme von Prag und Brünn) auch durch

Typische tschechische Markierung

Beschilderung von Fuß- und Radweg. Erkennen Sie den Unterschied?

die Städte und Ortschaften ohne Unterbrechung hindurchgeführt. Etwa im Abstand von 5 km informieren zudem Hinweisschilder über die Distanzen zum nächsten Nah- und Fernziel.

In Ostbayern wird das in Europa am weitesten verbreitete offizielle Symbol des Jakobsweges verwendet (stilisierte gelbe Jakobsmuschel auf blauem Grund; Schloss der Jakobsmuschel zeigt jeweils die Richtung an). Der Weg ist damit durchgängig in Generalrichtung Südwest markiert. An markanten Punkten weisen zusätzlich Hinweisschilder auf die Distanz zum jeweiligen Nah- und Fernziel hin.

Auch die Pilgerroute für Radfahrer ist von der Grenze durchgängig bis nach Donauwörth sowohl mit der jeweiligen offiziellen Radweg-Beschilderung versehen als auch zusätzlich mit dem Jakobsweg-Symbol gekennzeichnet.

Orientierung

In Tschechien stimmt auf der Fußroute die markierte Wegführung mit den entsprechenden Darstellungen in den Karten zuverlässig überein, sodass die Orientierung, basierend auf Markierung und Karte, kaum zu Problemen führt. Da Wanderwege auch in der Gegenrichtung markiert sind, genügt zudem in Zweifelsfällen häufig ein einfacher Blick zurück, um sich des richtigen Weges zu versichern. Wenn man in Tschechien plötzlich keine Markierungen mehr entdeckt, kann man vermuten, dass man im Begriff ist, vom rechten Wege abzukommen. Es empfiehlt sich umzukehren und bei der letzten bekannten Markierung einen neuen Anlauf zu nehmen.

Etwas anders sieht es in Tschechien auf der Radstrecke aus. Die Markierungen für die Rad-Route sind zur Zeit noch nicht ganz komplettiert, eine genaue Wegbeschreibung ist bisher noch nicht veröffentlicht. Die o. g. Karten des KCT im Maßstab 1:50.000 reichen aber als Orientierungshilfe aus.

Da in Ostbayern die Fußpilgerroute bis Kelheim das Wanderwegenetz des Bayerischen Wald-Vereins (BWV) nutzt, können deren Markierungen zusätzlich bei der Wegfindung behilflich sein. In seinem westlichen Teil bildet der Ostbayerische Jakobsweg zudem die neue Hauptwanderroute durch den südlichen Teil des Naturparks Altmühltal. Er ist daher so markiert, dass er auch in der Gegenrichtung begangen werden kann. Daher hilft auch hier oft ein Blick zurück, um sich zu vergewissern, dass man auf dem richtigen Weg ist.

Für die Radstrecke wird in Ostbayern durchweg das existierende Radwegenetz benützt. Daher kann – wer es ganz genau wissen will – zusätzlich auch auf diverse Kartenwerke und Spezialbeschreibungen der Tourismusverbände zurückgreifen.

Kartenmaterial

Für das Stadtgebiet von Prag ist für unsere Zwecke der Cityplan des ADAC im Maßstab 1:20.000 am besten geeignet. Denn auf dieser relativ großformatigen Karte sind alle Straßennamen gut lesbar eingetragen und die Darstellung reicht bis in den südöstlichen Vorort Radotín, über den die Stadt verlassen wird.

Für die Strecke ab Stadtgrenze Prag bis zur Grenze gibt es Wanderkarten des Tschechischen Touristenklubs KCT im Maßstab 1:50:000 (Edice Turistickych Map 1:50.000) mit den Nummern (fortschreitend von Ost nach West) 36, 38, 35, 64, 63 für Fußgänger sowie mit den Nummern (fortschreitend von Ost nach West) 36, 38, 34, 31, 32, 63 für Radfahrer.

Für den Ostbayerischen Jakobsweg empfehlen sich die Umgebungskarten des Bayerisches Landesvermessungsamtes im Maßstab 1:50.000:
- Naturpark Oberer Bayerischer Wald östlicher Teil, UK 50–27
- Naturpark Bayerischer Wald westlicher Teil, UK 50–28
- Naturpark Oberer Bayerischer Wald westlicher Teil, UK 50–26

Die Radstrecke ist einheitlich markiert.

- Naturpark Altmühltal östlicher Teil, UK 50–25
- Naturpark Altmühltal mittlerer Teil, UK 50–24
- Naturpark Altmühltal westlicher Teil, UK 50–23

Alternativ: TOP50 Bayern, digitale topographische Karten 1:50.000.

Kontakte und Links

- Fränkische St. Jakobusgesellschaft Würzburg e. V.,
  Sekretär Ferdinand Seehars
  Friedrich-Wencker-Str. 3
  D-97215 Uffenheim
  Tel. +49 (0)9842 / 7176
  www.jakobus-gesellschaften.de
  Bestellung von Pilgerpässen ist über die Gesellschaft möglich

- Manfred Zentgraf, Spezialverlag für den Jakobspilger – Versandbuchhandel
  In den Böden 38
  D-97332 Volkach
  Tel. +49 (0)9381 / 4492 (normalerweise Mo - Fr 8.00 - 12.00 Uhr)
  E-Mail: Jakobuspilger.Zentgraf@t-online.de

- Tschechische Zentrale für Tourismus – Czech Tourism
  Friedrichstr. 206
  D-10969 Berlin – Kreuzberg
  Tel./Fax: +49 (0)30 / 2044770
  www.czechtourism.com
  E-Mail: info1-de@czechtourism.com

- Tschechischer Touristenklub Prag
  E-Mail: kct@klubturistu.cz

- Tourismusverband Ostbayern e. V.
  Luitpoldstr. 20
  D-93047 Regensburg
  Tel. +49 (0)941 / 58539-0
  www.ostbayern-tourismus.de

- Informationszentrum Naturpark Altmühltal/Landkreis Eichstätt
  Notre Dame 1
  D-85072 Eichstätt
  Tel. +49 (0)8421 / 9876-0
  www.naturpark-altmuehltal.de

- Radlerportal für Ostbayern
  www.bayernbike.de

Verwiesen sei auch noch auf die in den Unterkunftslisten enthaltenen Adressen der Tourist-Informationen einiger Städte.

Ein Markierungsbaum vor Dobříš

Strecken- und Etappenplaner

Im Streckenplaner finden Sie alle wesentlichen Angaben zur selbstständigen Begehung des Weges und für die individuelle Etappenplanung.

Streckenlänge:	in Kilometer (km), wo immer möglich von Kirche zu Kirche; Gesamtstrecke der vorgeschlagenen Tagesetappe siehe unter Etappe und Wegbeschreibung
Höhenmeter:	(hm); gibt ungefähr die maximale Höhendifferenz in Auf- oder Abstieg (↘) an
Markierung:	
- Fußstrecke	Tschechien: ■ = grün, ■ = rot, ■ = blau, ■ = gelb Bayern: 🎇 = Ostbayerischer Jakobsweg ► = grüner Pfeil auf Weiß (Kötztinger Weg); ► = roter Pfeil auf Weiß E8, E10, E6 = Europa-Fernwanderwege; ▬ = weißer Balken auf Gelb (Oberpfalzweg) L = Limes-Weg; JBS = Jakobus-Pilgerweg von Bayerisch Schwaben
- Radstrecke	Tschechien: **3** = Radweg Prag – Pilsen – Grenze Bayern: Zub = Zubringer zum Chambtal-Radweg; Ch = Chambtal-Radweg; R = Regental-Radweg; F = Falkensteiner Radweg; 🎇 = Ostbayerischer Jakobsweg D = Donau-Radweg
Varianten:	>kursive Schrift
Wegbeschaffenheit:	Beschaffenheit des Untergrundes (✿ = naturnah, 🔨 = Schotter, 🚗 = Verbunddecke, 🚙 = Teer, Beton)
Proviant:	🛒 = Geschäft, 🍽 = Gasthaus
Unterkunft:	G = Gasthaus/Restaurant, H = Hotel, P = Gästepension, J = Gästehaus o. Herberge, M = Motel
Kirche/Messe =	♰ Pfarrhof o. Kloster; Pilgerstempel, Pilgersegen

Kartenhinweis

Die abgebildeten Kartenausschnitte basieren auf einem Maßstab von 1:75.000 für die Fußstrecke und 1:125.000 für die Radstrecke.

Strecken- und Etappenplaner für Fußpilger in Tschechien

km	Ort	Hm	Markierung	Weg	Proviant	Unterkunft	Kirche/Messe	Etappe
0	**Praha – Sv. Jakuba**				🛒🍽	J,H,P	✞	0
1,3	Karluv most (Karlsbr cke)	5			🛒🍽	H,P		
1,8	Kloster Strahov	40				J	✞	
3,2	Klamovka (Košiře)	↗20			🛒			
2,6	Jinonice	15						
5,9	Holyně	90	▪					
1,2	Slivenec	40	▪		🍽			
3,5	Velká Chuchle	↘130	▪		🛒🍽			
4,7	**Radotín**	5			🛒🍽	G		24,2
8,7	Vonoklasy	140	▪ E10		🍽			
4	Mořinka	20	▪ E10		🍽			
3,5	Karlštejn	↘80	▪ E10		🍽	G,P		
2	**Třebaň**	40/↘140	▪ E10		🍽	G,P		18,2
4,6	Halouny	130	▪ E10					
2,6	*Abzweigung von Mníšek p. B.*	180	▪ E10		🍽			
2,5	*>Skalka*	50	▪					
3,1	*>Mníšek pod Brdy*	↘115	▪		🛒🍽	P		
5,8	*>Einmündung von Mníšek p. B.*	120	▪					
3,2	Kytín	↘50	▪ E10		🍽			

2,8	>Einmündung von Mníšek p. B.	45	■ E10	✿ 🔥				
6,6	**Dobříš**	↘70	■ E10	🔥 🔥	🛏️🍽️	H,G,J		19,8
5,1	Rosovice	70		🔥				
0,9	Holšiny	↘15	■					
2,8	Buková	60	■	🔥	🛏️			
13,7	**Příbram Sv. Jakuba**	60/↘90	■	🔥 🔥	🛏️🍽️	H,G	✞	22,5
4,8	Vysoká Pes	25		🔥	🍽️			
8,8	Stryčkový	90/↘70	■	🔥	🍽️			
1,9	Nesvačily	↘20		🔥	🍽️			
3,8	**Rožmitál pod Třemšínem**	15	■	🔥	🛏️🍽️	H,G		19,3
4,8	Hutě	65	■	🔥 ✿ 🔥	🍽️	P		
4	Třemšín (827 m)	235		✿ 🔥 ✿				
7,7	Starý Smolivec	↘190	■	🔥	🍽️			
3,8	Metly	↘15	■	🔥				
2,3	Abzweig Lnáře	↘30	■					
4,1	>Lnáře	↘20		🔥	🛏️🍽️	H,G		
5,6	>Kasejovice	100/↘40	■	🔥 ✿ 🔥				
3,1	**Kasejovice**	20	■	🔥	🛏️🍽️	P		25,7
2,8	Motel Agro	130	■		🍽️	M		
6,7	Mohelnice	↘90/30	■	✿ 🔥				
7	**Nepomuk**	↘10	■	🔥	🛏️🍽️	H,G,P,M	✞	16,5

2,8	Kozlovice	70		🔺		
12,5	Lovcice	100/↘70	■	🔺✿🔻		
4	Plánice	70	■	✿🔻		
5,7	Habartice	110	■	🔺✿		
5,9	Kydliny	85/↘235	■	🔺		
5	**Klatovy (Klattau)**	↗70	■	🔺🔻	🍴	H,G,P,M	35,9
3,9	Tajanov	10	■	🔺🔻		
2,9	Tupadly	70	■	🔻		
2,9	Tetětice	60	■	✿		
8,9	Usilov	130/↘135	■	✿🔺		
4,9	Koráb (773 m)	308	■	✿	🍴	
3,3	**Kdyně**	↗360	■	✿🔻	🍴	G,P	26,8
3,7	Nová Ves	30/↘20	■	🔻✿	🍴	
1	Raj	120	■ E6	✿🏰		
3,6	*>Cepice (642 m) / Ráj*	*170*	■ *E6*	🔻		
2,4	Tanaberk (St. Anna)	↗85	■	✿🔻		
1,2	Hajek	↗65	■	✿🔻		
2,1	Všeruby	↗25		🔻	🍴	P	
1	**Grenzübergang Všeruby**	↗15		🔻			11,4

Strecken- und Etappenplaner für Fußpilger in Ostbayern

km	Ort	Hm	Markierung	Weg	Proviant	Unterkunft	Kirche/Messe	Etappe
0	**Grenzübergang Eschlkam**				🍴			
3,9	Seugenhof	20	S4	✿		P		
3,5	Großaign	45		✿				
1	Eschlkam	50			🛒🍴	G,P	✞	
1,8	Leming	25	E2	✿				
4,7	**Neukirchen b. Hl. Blut**	100	E2 N2	✿	🛒🍴	J,G,H,P	✞	14,9
6,9	Hohenbogener Diensthütte	445	N3	✿	🍴			
5,2	Watzlsteg	485	R1					
1,6	Grafenwiesen	20	G4		🛒🍴	G,P		
4,6	**Bad Kötzting**	25	G6 K4	✿	🛒🍴	G,H,P	✞	18,3
1,7	Weißenregen	70	▲	✿		P		
1,9	Blaibacher See	85	▲	✿	🍴			
4,1	Heitzelsberg	100	▲	✿				
1,5	Voggenzell	80	▲	✿				
1,7	Moosbach	70	▲	✿		G	✞	
3,5	Neurandsberg	70/110	▲	✿	🍴	G		
2	Rattenberg	90/70	▲	✿	🛒🍴	G		
0,8	Peribachmühle	↗80	▲	✿	🍴	G, J		
3,7	Konzell	100	▲ E8	✿	🛒🍴	G	✞	

km	Ort							dist
2,2	Denkzell			40	▲ E8	🏔	🍴			
2,9	Forsting			130	▲ E8	🏔 ❀				
0,5	Gallnerhof			10	▲ E8	🏔		P		
3,4	**Stallwang**			↘90	▲ E8	🏔 ❀	🍴	G	✚	29,9
3,2	Haunkenzell			90	▲ E8	🏔	🍴	G	✚	
1,6	Pilgramsberg			195	▲ E8	🏔 ❀		G		
8,1	Hauptenberg			↘155	▲ E8	🏔 ❀ ❀				
2,5	Schiederhof			25	▲ E8	🏔 ❀	🍴	G		
11,9	**Wörth a. d. Donau**			↘325	▲ E8	🏔 ❀ ❀ 🏰	🍴	G	✚	27,3
2,5	Wiesent			115	▲ E8	❀ 🏰	🍴	G		
1,9	Ettersdorf			25	▲ E8	🏔				
5,8	Bach a. D.			50	▲ E8	🏔 🏰		G		
4,3	Hammermühle			65	▲ E8	🏔 🏰	🍴	G		
3,6	Donaustauf			70	▲ E8	🏔	🍴	G	✚	
3,5	Tegernheim			↘12	▲ E8	🏔	🍴			
2,9	Schwabelweis			↘15	▲ E8	🏔	🍴			
4,3	**Regensburg – Steinerne Brücke**			5		🏔	🍴	G,H,J	✚	28,8
1,8	**Regensburg – St. Jakob**			10		🏔	🍴	G,H,J	✚	1,8
6,9	Sinzing			15	▲ E8	🏔	🍴	G		
5,2	Bergmatting			135	▲ E8	🏔 ❀	🍴			
1,3	Saxberg			30		🏔	🍴			
1,5	Schneckenbach			20		🏔				
5,9	Frauenhäusl			100	▲ E8	❀ 🏰	🍴			
4,4	*>Kelheimwinzer*			*↘110*	*4*	❀	🍴	G,P	✚	

			Radweg				
4,3	>Kelheim	7					
4,4	**Kelheim**	↘125	▶ E8	🏠🌸	🏨🍴	G,H,P,J	✝
5,1	Kloster Weltenburg	90	▲	🌸🏠❀	🍴	J,P	✝
1,1	Stausacker	5	E8	🏠		P	
2,6	Haderfleck	85	E8	🏠			
6,8	Laimerstadt	90	E8 L	❀			
3,2	Hagenhill	45	E8 L	❀🏠🌸			
2,4	**Altmannstein**	90	E8 L	❀	🏨🍴	G,P	✝
4,7	Tettenagger	80		❀🏠🏠			
1,9	>Mindelstetten	20		🏠		P	✝
1,7	>Hüttenhausen	10		🏠			
0,9	>Offendorf	5		🏠			
1	>Oberoffendorf	10		🏠			
2,3	Oberoffendorf	15		🏠			
4,7	Bettbrunn	70		🏠🌸	🍴		✝
9,2	**Stammham**	↘60		🏠❀🏠	🏨🍴	G	✝
0,8	Westerhofen	↘10		🏠	🏨	G	
7,5	Böhmfeld	60		🏠🌸🏠	🏨🍴	G	
2,8	Katzental	↘70		🏠🌸❀			
2,4	>Hofstetten	50		🏠🏠		G	
2,9	>Geisental	30		🏠			

		25,2
		21,2
		20,9

4,8	Geisental		70				
3,1	Pfünz		55		🍴	G	✝	26,3
7,3	**Eichstätt**		↗25		🛏🍴	G,H,P,J	✝
0,7	**Eichstätt – Dom**		5		🛏🍴	G,H,P,J	✝	0,7
1,1	Eichstätt – Frauenberg		100				
5,9	Moritzbrunn		70		🍴	G	✝
9,8	Bergen		↗100				
6	Gut Siglohe		140			P	
2,7	>Rennertshofen–Hatzenhofen		↗100				
0,9	>Rennertshofen		5		🛏🍴		✝
1,5	Mauern		↗90		🍴		
2,9	**Rennertshofen**		↗50		🛏🍴		✝	27,2
2	>Bertoldsheim		40			G,P	
3	>Neuhausen		50				
5,1	Neuhausen		65		🍴		
2,4	Schweinspoint		25		🍴	P	
10,7	Burgdorf		115				
4	Kaisheim		↗85		🍴	G,P	
7,9	**Donauwörth**	JBS	↗130		🛏🍴	G,H,P,J	✝	30,1

Strecken- und Etappenplaner für Radpilger in Tschechien

km	Ort	Hm	Markierung	Weg	Proviant	Unterkunft	Kirche/Messe	Etappe
0	**Praha – Sv. Jakuba**				🛒🍽	J,H,P	✝	0
1,3	Karluv most (Karlsbrücke)	5		◀	🛒🍽	H,P		
14	*>Radotín*	10		◀	🛒🍽	G		
3	*>Zbraslav*	5	3	◀	🛒🍽			
17,5	Zbraslav		3	◀↩		H		
4,7	Černošice	0	3	◀↩				
4,8	Všenory	5	3	◀				
2,9	Dobřichovice	5	3	◀	🍽	G,P		
3,4	Řevnice	0	3	◀				
2,5	Zadní Třeban	0	3	◀	🍽	G,P		
4,7	Svinaře	50	3	◀	🍽			
7,2	Vizina	80	3	◀	🍽			
6,4	Neumětely	↗20	3	◀	🍽			
4,5	Lochovice	↗10	3	◀				
6,1	**Hořovice**	30	3	◀	🛒🍽	H,P,J		66
8,1	Komárov	70	3	◀	🍽	H,P,J		
4,9	Zaječov	30	3	◀	🍽	G		
4	Těně	90	3	◀				
5,2	Strašice	0	3	↩	🍽			

5,4	Dobřív	↗75	3	🚂		
8	Rokycany	↗65	3	🚂	🍴	H,G,P
6,6	Abzweig nach Tymákov	100	3	🚂		
3,5	Tymákov	0	3	🚂	🍴	
4,1	Letkov	↗10	3	🚂	🍴	
3,2	Božkov	10	3	🚂	🍴	
5	**Plzeň – Bahnhof**	↗10	3	🚂	🍴	H,G,P	58
14,4	Dobřany	10	3	🚂	🍴	
8,1	Dnešice	10	3	🚂		
3,8	Soběkury	70	3	🚂		
3,7	Merklín	10	3	🚂	🍴	
5,3	Kreuzung im Merkliner Wald	45	3	🚂		
2,7	Poděvousy	↗25	3	🚂	🍴	
2,6	Srbice	↗10	3	🚂		
2,8	Koloveč	50	3	🚂		
3,1	Kanice	↗30	3	🚂		
6	Stanětice	60	3	🚂		
5,7	Kout na Šumavě	40	3	🚂	🍴	
6,4	**Kdyně – Zentrum**	↗20	3 Nr., 2014	🚂	🍴	G,P	64,6
5	Brůdek	50	3 Nr., 2014	🚂	🍴	
1,7	Hájek	↗30	3 Nr., 2014	🚂		
2,1	Všeruby	↗10	3 Nr., 2014	🚂	🍴	P
1	**Grenzübergang Všeruby**	↗10	3 Nr., 2014	🚂			9,8

Strecken- und Etappenplaner für Radpilger in Ostbayern

km	Ort	Hm	Markierung	Weg	Proviant	Unterkunft	Kirche/Messe	Etappe
0	**Grenzübergang Eschlkam**							
5,5	Großaign – Chambbrücke	30	Zub			P		
1,3	*>Eschlkam – Freybachbrücke*	↘10	Zub					
0,4	Eschlkam St. Jakob	40			🍴	G,P	✝	
5,8	*>Neukirchen b. Hl. Blut*	75			🍴	J,G,H,P	✝	
1,1	*>Freybach*	↘30						
7	*>Chambtal – Zubringer*	75						
0,8	Eschlkam – Freybachbrücke	↘40	Zub					
0,3	Chambtal – Zubringer	5	Zub					
6,1	Furth im Wald	↘50	Zub		🍴	G,H,P	✝	
4,6	Arnschwang	↘15	Ch		🍴	G,H,P		
8,1	Kothmaißling	↘15	Ch			P		
4,8	Cham – Altenstadt	↘15	Ch					
0,8	*>Chammünster*	0					✝	
3,4	**Cham St. Jakob**	10			🍴	J,G,H,P	✝	34
7,3	Untertraubenbach	↘20	R					
3,2	Wetterfeld	30	R			G		
3,7	Roding	10	R		🍴	G,H	✝	
2,3	Heilbrünnl	40	R		🍴		✝	

8,9	Kirchenrohrbach	100	🐚		🔺 ⚑	🍴	G	✚	
1,5	**Walderbach – Regenbrücke**	↗25	🐚	R	⚑	🏨 🍴	G,H	✚	26,9
0,6	>Walderbach – Kirche	0	🐚		🔺			✚	
3,3	Reichenbach – Verzweigung	15	🐚		⚑	🏨 🍴		✚	
30,9	>Regenstauf über Regental		🐚	R	⚑				
16,4	>Regensburg über Regental		🐚	R					
5,1	Wald	220	🐚		⚑	🏨 🍴			
1,1	Roßbach	↗20	🐚	F	🔺				
7	Hauzendorf	↗130	🐚	F	⚑				
8,1	Wenzenbach	↗70	🐚	F	🔺	🏨 🍴			
4,5	Gonnersdorf	↗20	🐚	F	⚑				
5,4	Regensburg – Weichs	↗20	🐚	F	⚑	🏨 🍴	G,H,J	✚	
3,6	Regensburg – Steinerne Brücke	↗5	🐚		⚑	🏨 🍴	G,H	✚	
1,6	**Regensburg – St. Jakob**	10	🐚		⚑ ✿	🍴	G		39,7
11,4	Matting	20	🐚	D	⚑	🍴			
4,4	Oberndorf	5	🐚	D	🚲 ⚑				
1,6	Donaubrücke bei Bad Abbach	15	🐚	D	🔺 ⚑				
2,6	Poikam	20	🐚	D	⚑	🍴			
2,3	Kapfelberg	15	🐚	D	⚑	🍴	P		
4,3	Herrnsaal	↗30	🐚	D	🔺	🏨 🍴			
2,5	Kelheimwinzer	↗10	🐚	D	🔺 ⚑	🏨 🍴	G,P	✚	
4,1	Kelheim	10	🐚	D	⚑	🏨 🍴	G,H,J	✚	
5,8	Dorf Weltenburg	130	🐚	D	⚑ ✿	🍴	P	✚	
1	>Kloster Weltenburg	10	🐚		⚑	🍴	J	✚	

km	Ort						km-Marke
1,7	Staubing	5	🎷 D	🏰		P	
5,7	Abzweig Eining	30	🎷 D	🏰 ✿			
2,1	*>Eining*	↗15	🎷	🏰			
3,4	**Bad Gögging**	↗15	🎷 D	🏰 🚲	🍴	G,H	✝	49,8
2,3	Neustadt a. d. Donau	↗5	🎷 D	🏰 🏘 🚲	🛏🍴	G,H	✝	
8,1	Pförring	5	🎷 D	🏰	🍴	G,H		
3,2	Wackerstein	5	🎷 D	🏰 🏘 🚲	🛏🍴	G,H	✝	
2,7	Dünzing	10	🎷 D	🏰				
2,4	Vohburg	20	🎷 D	🏰 🏘 🚲	🛏🍴	G,H	✝	
7,7	Großmehring	10	🎷 D	🏰	🛏🍴	G		
7,9	Ingolstadt – Schlosslände	10	🎷 D					
2,9	**Ingolstadt**	10	🎷 D	🏰	🛏🍴	G,H,J	✝	37,2
9,5	Weichering	10	🎷 D	🏰	🍴	P		
13	Neuburg a. d. Donau	10	🎷 D	🏰 🏘 🚲 ✿	🛏🍴	G,H	✝	
6,6	Riedesheim	40	🎷 D	🏰 🏘 🚲 ✿				
2,8	Stepperg	40	🎷 D	🏰 🏘		G		
1,6	Rennertshofen – Hatzenhofen	↗10	🎷 D	🏰 🚲 ✿	🛏	P	✝	
3,6	Bertoldsheim	15	🎷 D	🏰	🛏🍴	G,P		
7	Marxheim	10	🎷 D	🏰	🛏🍴	G		
5	Leitheim	55	🎷 D	🏰		P		
1,1	Altisheim	↗50	🎷 D	🏰				
6	Zirgesheim	↗30	🎷 D	🏰				
2,4	**Donauwörth – Ochsentörl**	15	🎷 D	🏰	🛏🍴	G,H,P	✝	

Unterkünfte

Abseits der Touristenzonen gibt es in Tschechien nur eine beschränkte Zahl an Unterkunftsmöglichkeiten. Der Zuschnitt der Etappen nimmt darauf Rücksicht. In Ostbayern finden sich aufgrund der guten touristischen Infrastruktur entlang des gesamten Weges in hinreichender Dichte Gasthäuser, Gäste- und Privatpensionen sowie Hotels.

Die in den Tabellen angeführten Unterkünfte sind nur teilweise durch eigenen Augenschein bekannt oder durch andere Jakobspilger empfohlen. Die Auflistung erhebt bei weitem keinen Anspruch auf Vollständigkeit. Die genannten Übernachtungsmöglichkeiten sind, häufig auch auf Nachfrage bei den Tourismusämtern oder durch Suche im Internet, nach folgenden Kriterien ausgewählt:

- Unterkunft möglichst nahe am Weg
- Mindestausstattung entsprechend den Bedürfnissen von Weitwanderern (Aufnahme für eine Nacht, Dusche)
- möglichst keine nicht nutzbaren Sondereinrichtungen (Tagungs-/Konferenzräume, Wellness-Ausstattung)
- Verpflegung im Haus oder nahebei

An den Etappenzielen kann man bei den Tourist-Informationen nachfragen. Für den Fall, dass diese nicht erreichbar sind, sind zusätzlich mindestens zwei Quartiervorschläge angegeben.

Eichstätt

Unterkünfte für Fußpilger in Tschechien

km	Ort	Name	Adresse	Tel. 0042-0-	www.
0	**Praha – Sv. Jakuba**	Czech Tourism	Vinohradská 46, P. O. Box 32120, Praha 2, Vinohrady	221 580 111	x
3,1	Strahovský klášter	Prämonstratenserkloster, Gästehaus	Strahovské nádvoří 1/132, Praha 1	233 107 711	x
		Hostel Strahov	Vaníčkova 7, Praha 6	233 353 739	x
21,1	**Radotín**	Motorest u Vodaka, Praha 5	Výpadová 1037/26, Radotín 15 300	257 811 519	
		Hotelovy dum Radotín, Praha 5	Vrazska 1165, Radotín 15 300	257 911 719	x
18,2	**Třebaň**	Penzion Frau Hana Kornalska	Hlásná Třebaň 164, Karlštejn 2 67 18	311 681 723	x
		Penzion-Restaurant Hubert	Hlásná Třebaň 58, Karlštejn 2 67 18	311 681 726	x
12,8	>*Mníšek pod Brdy*	Penzion Obora	Pod Skalou 1500, M.p.B. 252 10	318 592 101	
		Penzion u Kasnych	Rymaně 655, M.p.B. 252 10	318 592 728	x
19,8	**Dobříš**	Hotel Heinz	Mirove náměsti 37, Dobříš 263 01	318 522 688	
		Penzion Sedláček	Prikopy 1554, Dobříš 263 01	318 523 521	

22,5	Příbram	Hotel Modrý Hrozen	nám. T.G. Masaryka 143, 143, 261 01 Příbram	318 628 007	x
		Hotel Mineral	Mariánská 431, Březové hory, 143, 261 01 Příbram	318 624 402	
19,3	Rožmitál pod Třemšínem	Hotel u Bílého Lev	Havlíčkova 178, R.p.T. 262 42	318 665 703	x
26,7	>Lnáře	Hotel Lnáře	Lnáře 20, Lnáře 387 42	383 495 290	
		Schlosshotel Lnáře	Lnáře 1, Lnáře 387 42	383 495 124	
28,5	Kasejovice	Motel Agro	Kasejovice 384	371 595 220	x
		Motorest u Jiriku	Kasejovice 335 44		
13,7	Nepomuk	Penzion Stichenwirth	Plzeňská 59, Nepomuk 335 01	371 591 582	
		Penzion S	Husova 140, Nepomuk 335 01	371 591 292	
		Motel Pyramida	Koslovicka 539, Nepomuk 335 01	372 580 236	
19,3	Plánice	Sport Penzion Santa Fe	Klatovská 33, 340 34 Plánice	376 394 061	
16,6	Klatovy	Penzion Poprda	Plánická 35, Klatovy 33 901	376 316 297	
		Penzion Nela	Gorkého 840/2, Klatovy 33 901	376 314 487	
		Hotel Central	Masarykova 300, Klatovy 33 901		
		Hotel Sport	Domažlická 609/ III, Klatovy 33 901	376 314 571	
26,8	Kdyně	Penzion Janka	Vodní 117, Kdyně 34 506	376 310 910	x
		Autocamp Hdjovna	Na kobyle 209, Kdyně 34 506	379 734 377	x
11,4	Grenzübergang Všeruby			379 731 233	x

Unterkünfte für Fußpilger in Ostbayern

km	Ort	Name	Adresse	Tel.	www.
0	Grenzübergang Eschlkam				
3,9	Seugenhof	Gasthof Pongratz Elisabeth	Schanzweg 20	09948/358	
4,5	Eschlkam	Gasthof Zur Post	Waldschmidtstr. 14	09948/751	
6,5	**Neukirchen b. Hl. Blut**	Wallfahrtszentrum Haus zur Aussaat	Klosterplatz 1	09947/902885	x
		Café Zur Wallfahrtskirche	Kirchstr. 11	09947/1222	x
		Hotel-Gasthof Zur Linde	Marktplatz 9	09947/902485	x
13,7	Grafenwiesen	Gasthof Schegerer	Rathausplatz 4	09941/905304	x
		Pension Forellenstüberl	Zittenhofer Weg 31	09941/1300	
4,6	**Bad Kötzting**	Hotel Zur Post	Herrenstr. 10	09941/6628	
		Hotel Amberger Hof	Torstr. 2	09941/950-0	x
7,7	Heitzelsberg	Berggasthof-Pension Wiesner	Heitzelsberg 4	09944/9349	
6,7	Neurandsberg	Burggasthof Neurandsberg	Neurandsberg	09963/1027	x
2	Rattenberg	Gasthof-Pension Zum Schmiedwirt	Dorfplatz 6	09963/94040	
0,8	Perlbachmühle	Gasthof Perlbach + Bettenlager	Unterholzen 7	09963/701	x
3,7	Konzell	Ferienhotel Baumgartner	Johann-Dachauer-Str. 2	09963/810	x
		Brauerei Gasthof Haid	Haid 1	09963/1021	x
		Pension Gästehaus Hilmer	Haidstr. 3	09963/90010	x
2,2	Denkzell	Landgasthof Schedlbauer	Konzell – Denkzell 36	09963/864	x
2,9	Forsting	X. Schedlbauer, Bauernhof	Konzell – Forsting 5	09964/427	x

3,9	**Stallwang**	Gasthof Zur Post	Dorfplatz 15	z.Z. geschl.
3,2	Haunkenzell	Gasthof Silbersterne	Hofmarkstr. 4	09964/223	x
1,6	Pilgramsberg	Gasthaus Zur Schönen Aussicht	Kirchenberg 1	09964/9642	
10,6	Schiederhof	Waldgasthof Groß	Wiesenfelden, Schiederhof 3	09966/282	x
11,9	**Wörth a. d. Donau**	Hotel Rosenhof	Straubinger Str. 21	09842/2080-0	x
		Gasthof Butz	Kirchplatz 3	09482/951-0	x
14,5	Hammermühle	Landgasthof-Hotel Hammermühle	Sulzbach, Thiergartenstr. 1	09403/9684-0	x
3,6	Donaustauf	Forsters Gasthaus Zur Post	Maxstr. 43	09403/910-0	x
12,5	**Regensburg**	Tourist-Information Altes Rathaus	Rathausplatz 4	0941/507-4410	x
		Gasthof Spitalgarten	St.-Katharinen-Platz 1	0941/84774	x
		Jugendherberge	Wöhrdstr. 60	0941/57402	x
		Kolpinghaus St. Erhard	Adolf-Kolping-Str. 1	0941/59500-0	x
		Ibis-Hotel Castra Regina	Furtmayrstr. 1	0941/78040	x
6,9	Sinzing	Donau-Gasthof Sinzing	Am Reitfeld 12	0941/3782900	x
18,3	**Kelheim**	Gasthof Stockhammer	Am Oberen Zweck 2	09441/70040	x
		Gasthof Metzgerei Berzl	Hafnergasse 2	09441/1425	x
		Gaststätte/Café am Donautor	Donaustr. 19	09441/50250	x
		Gasthof Zum Schwan	Fischergasse 30	09441/29298	x
5,1	Kloster Weltenburg	Gästehaus Benediktiner-Abtei	Weltenburg – Asamstr. 32	09441/204-0	x
1,1	Stausacker	Pension Regensburger	Neustädter Str. 4	09441/7290	
15	**Altmannstein**	Privatpension Haus Rauscher	Burgsteingasse 4	09446/534	
		Landgasthof Max Neumayer	Bahnhofstr. 15	09446/1030	
		Gasthof Plutz	Ingolstädter Str. 7	09446/1321	
		Gasthof Streitberger Hof	Marktplatz 2	09446/649	

	>Mindelstetten	Landgasthof Braun, Imbath	Ringstr. 10	08403/35989	
20,9	**Stammham**	Gasthof Lukas	Ingolstädter Str. 1	08405/221	
0,8	Westerhofen	Gasthof Ortner	Jurastr. 7	08405/267	
7,5	Böhmfeld	Hotel-Restaurant Beckerwirt	Hauptstr. 15	08406/91242	x
	>Hofstetten	Landgasthof Buchberger	Schlossstr. 23	08406/91199	
10,7	Pfünz	Gasthof-Pension Sichert	Eichstätter Str. 11	08426/231	x
8	**Eichstätt**	Tourist-Information	Domplatz 8	08421/9880-0	x
		Gasthof Ratskeller	Kardinal-Preysing-Platz 8	08421/901258	x
		Gasthof Hotel Klosterstuben	Pedettistr. 26	08421/98000	x
		Gästehaus Benediktinerinnen-Abtei	St. Walburg-Walburgiberg 6	08421/9887-0	x
		Jugendherberge Eichstätt	Reichenaustr. 15	08421/980410	x
		Kolping Tagungshotel	Burgstr. 3	08421/97010	
16,8	Bergen	Alte Kaplanei	Kirchplatz 8 - 10	08431/64760	x
		Zum Klosterbräu	Kirchplatz 1	08431/67750	x
8,7	>Rennertshofen–Hatzenhofen	Privatpension Elfriede Hager	Graspointstr. 19	08434/1302	x
10,4	**Rennertshofen**				
2	>Bertoldsheim	Schlossgaststätte Schlamp	Am Schlossberg 2	08434/552	
		Gästehaus Maria Seefeld	Finkenstr. 14	08434/1806	x
		Gästehaus Roßkopf	Lerchenstr. 7	08434/650	
30,1	**Donauwörth**	Tourist-Information	Rathausgasse 1	0906/789-151	x
		Jugendherberge	Berg – Goethestr. 10	0906/5158	
		Hotel-Gasthof-Café Goldener Hirsch	Reichsstr. 44	0906/3124	x
		Privatzimmer Linder	Ölgasse 2	0175-2778972	x

Unterkünfte für Radpilger in Tschechien

km	Ort	Name	Adresse	Tel. 0042-0-	www.
0	**Praha – Sv. Jakuba**	Czech Tourism	Vinohradska 46, Praha 2, Vinohrady P. O. Box 32120	221 580 111	x
37,1	Hlásná Třebaň	Penzion Frau Hana Kornalska	Hlásná Třebaň 164, Karlštejn 2 67 18	311 681 723	x
		Penzion-Restaurant Hubert	Hlásná Třebaň 58, Karlštejn 2 67 18	311 681 726	x
28,9	**Hořovice**	Hotel Zeleny Strom	Palackého nám. 21, Hořovice 268 01	311 513 271-2	x
		Penzion Jiri Fronek	Prazska 14, Hořovice 268 01	315 124 18	
		Schwimmhalle Firma KeoKo	Klostermannova 1253, H. 268 01	311 512 023	
8,1	Komárov	Hotel Krumphanzl	nam. Miru 201, Komárov 267 62	311 572 270	
		Herberge TJ Sokol Komarov	Sokolska 230, Komárov 267 62	311 572 140	
27,5	Rokycany	Hotel Bily Lev	nam. Male 107, Rokycany 337 01	1 812 715	x
		Hotel Quattro	Capkova 1083, Rokycany 337 01	1 813 893	

		Hotel Corso	Palackého nám. 175, R. 337 01	1 813 893	x
22,4	**Plzeň**	Hotel Slovan	Smetanovy Sady, Plzeň 301 00	377 227 256	x
		Hotel Skoda	nám. Českých bratří 10, Plzeň 301	377 420 252	x
		Penzion U Salzmannu	Pražská 8, Plzeň 301 00	377 235 855	x
64,6	**Kdyně**	Penzion Janka	Vodní 117, Kdyně 34 506	379 734 377	x
		Autocamp Hdjovna	Na Kobyle 209, Kdyně 34 506	379 731 233	x
9,8	**Grenzübergang Všeruby**				

Unterkünfte für Radpilger in Ostbayern

km	Ort	Name	Adresse	Tel.	www.
	Grenzübergang Eschlkam				
0					
5,9	Eschlkam	Gasthof Zur Post	Waldschmidtstr. 14	09948/751	x
5,8	>Neukirchen b. Hl. Blut	Wallfahrtszentrum Haus zur Aussaat	Klosterplatz 1	09947/902885	x
		Hotel-Gasthof Zur Linde	Marktplatz 9	09947/902485	x
7,2	Furth im Wald	Gasthof Postgarten	Postgartenweg 4	09973/1350	
4,6	Arnschwang	Landgasthof Brunner	Kirchgasse 13	09977/257	x
16,3	**Cham**	Tourist-Information	Propsteistr. 46	09971/8034-93	x
		Hotel Am Regenbogen	Schützenstr. 14	09971/8493	x
14,2	Roding	Hotel Gasthof Lobmeier	Marktplatz 6	09461/675	
12,7	**Walderbach**	Gasthof Hotel Rückerl	Am Prälatengarten 2 - 4	09464/9500	
39,7	Regensburg	Tourist-Information Altes Rathaus	Rathausplatz 4	0941/507-4410	x
		Gasthof Spitalgarten	St.-Katharinen-Platz 1	0941/84774	x
		Jugendherberge	Wöhrdstr. 60	0941/57402	x
		Kolpinghaus St. Erhard	Adolf-Kolping-Str. 1	0941/59500-0	x
		Hotel am Peterstor	Fröhliche-Türken-Str. 12	0941/54545	x
		Hotel Zum fröhlichen Türken	Fröhliche-Türken-Str. 11	0941/57032	x
33,2	Kelheim	Gasthof Stockhammer	Am Oberen Zweck 2	09441/70040	x
		Gasthof Metzgerei Berzl	Hafnergasse 2	09441/1425	x
		Altstadtpension Dietz	Ludwigplatz 11	09441/2444	x

5,8	Weltenburg	Gaststätte/Café am Donautor	Donaustr. 19	09441/50250	x
		Klostergasthof	Weltenburg – Alte Dorfstr. 3	09441/1370	
1	>*Kloster Weltenburg*	Gästehaus Benediktiner-Abtei	Weltenburg – Asamstr. 32	09441/204-0	x
10,8	**Bad Gögging**	Tourist-Information	Heiligenstädter Straße 5	80046344464	x
		Hotel & Gasthof Eisvogel	An der Abens 20	09445/9690	x
		Pension Martinus	Heiligenstädter Straße 23	09445/9560	x
2,3	Neustadt a. d. Donau	Gasthof Gigl	Herzog-Ludwig-Straße 6	09445/9670	x
16,4	Vohburg	Gasthof Stöttner	Donaustr. 9	08457/1219	x
18,5	**Ingolstadt**	Tourist-Information	Rathausplatz 2	0841/3053030	x
		Hotel Anker	Tränktorstr. 1	0841/30050	x
		Gasthof Huber	Dorfstr. 12	0841/72335	
22,5	Neuburg a. d. Donau	Hotel Garni Schrannenhaus	Am Schrannenplatz C 153 1/2	08431/67210	x
		Hotel Restaurant Neuwirt	Färberstr. 88	08431/2078	x
9,4	Stepperg	Landgasthof Kimmerling	Poststr. 5	08434/9163	x
5,2	Bertoldsheim	Gästehaus Maria Seefeld	Finkenstr. 14	08434/1806	x
		Gästehaus Roßkopf	Lerchenstr. 7	08434/650	
21,5	**Donauwörth**	Tourist-Information	Rathausgasse 1	0906/789-151	x
		Hotel-Gasthof-Café Goldener Hirsch	Reichsstr. 44	0906/3124	x
		Restaurant Buena Vista	Hindenburgstr. 29	0906/9998825	x

Die tschechische Südvariante des Jakobsweges – für Fußpilger

Von Prag über Příbram und Nepomuk zum Grenzübergang bei Všeruby / Eschlkam

220 km

Prag – Radotín 24,2 km

So geht es Weitwanderern oft am ersten Tag: Sie starten eines Morgens im Zentrum einer Stadt und beginnen voller Elan und Tatendrang, sich den Weg durch Vorstädte und Industrieansiedlungen hinaus in Richtung Stadtrand zu suchen. Ist dies anfangs noch inspirierend und interessant, so wird es später immer monotoner und langweiliger und die einförmige Bebauung will und will kein Ende nehmen. Zu allem Überfluss läuft man ausschließlich auf Teer oder Beton und wird vom lauten und nicht ungefährlichen Stadtverkehr bedrängt und umtost. Man dürfte sich nicht wundern, wenn uns in der Millionenstadt Prag ein ähnlich frustrierendes Erlebnis bevorstünde. Wir jedoch verlassen das durch Auto- und Eisenbahnen besetzte Tal der Moldau gleich nach dem Überschreiten der Karlsbrücke und halten uns fortan an die die Stadt begrenzenden Höhen im Westen. Zwar ziehen sich auch hier noch Wohngebiete in die Seitentäler hinein, aber dazwischen gelangen wir immer wieder an die Bebauungsgrenze oder sogar auf freies Feld und können anfangen, die Großstadt zu vergessen. Unser Tagesziel Radotín am Ausgang des Berounka-Tales ist bereits ein deutlich abgetrennter Vorort. Ab hier beginnt Mittelböhmen einen eher ländlichen Charakter anzunehmen.

Wir beginnen unseren Weg bei der barocken Kirche des ehemaligen Klosters St. Jakob in der Altstadt. Nach wenigen Gehminuten passieren wir die Teynkirche. Wir überqueren den Altstädter Ring, vorbei am Jan-Hus-Denkmal und am Altstädter Rathaus, und gehen weiter durch die Karlova ulice zur historischen **Karlsbrücke**, um auf ihr die Moldau zur Kleinseite hin zu überschreiten. Kurz vor der Dientzenhofer-Kirche St. Niklas zweigt nach links die Karmelitská-Gasse ab. Es ist nicht weit zur eher unauffälligen Fassade der Kirche St. Maria de Victoria. Wir kehren zurück nach St. Niklas und steigen durch die Neruda-Gasse hinauf zum Prämonstratenserkloster **Strahov** mit seiner charakteristischen Doppelturmsilhouette. Beim Aufstieg sehen wir linker Hand im Talgrund über dem Dach eines großen Gebäudes die deutsche Fahne wehen. Sie markiert die Deutsche Botschaft, vor der sich 1989 im Vorfeld der deutschen Wiedervereinigung Ereignisse von weltgeschichtlicher Bedeutung abspielten.

Von Strahov aus wandern wir entlang der parkartig gestalteten Höhenkante in Richtung Süden, vorbei am Aussichtsturm, der Laurentius-Kapelle (Sv. Vavřince), einem Observatorium sowie später an ausgedehnten Sportanlagen. Dann suchen wir uns einen Weg hinunter ins Tal zur Bushaltestelle Klamovka und hinüber zum Stadtteil **Košíře** mit der Metrohaltestelle in Jinonice als Zielpunkt.

Variante: Wer diesen Streckenabschnitt durch die Stadt vermeiden will, kann diese Haltestelle auch mit der U-Bahn erreichen.

Die Teynkirche in Prag

Hier treffen wir auf den Anfang eines mit *Gelb markierten* Wanderweges, der uns entlang eines felsigen Talabbruches (Naturschutzgebiet) erst einmal aus der Stadt hinausführt. Am Ende eines langen Bogens weist die Markierung steil ins Tal hinab. Im Talgrund taucht eine *blaue Markierung* auf, der man nach rechts zum kleinen Dorf **Holyně** folgt. Von ihm aus geht es nach links hügelauf immer der blauen Markierung nach zum Dorf **Slivenec** und wieder hinunter nach **Velká Chuchle**. Wir gehen durch diesen Prager Vorort hindurch bis zur Eisenbahnlinie. Hinter deren Schranke biegen wir nach rechts in die **Radotínská ulice** ein und folgen ihr entlang der Bahnlinie hinaus nach **Radotín**.

Variante: Radotín ist ebenfalls mit der Vorortbahn aus der Innenstadt von Prag heraus erreichbar. Hier zu beginnen bedeutet, den Weg um einen ganzen Tagesmarsch abzukürzen.

Teynkirche: Sie ist nach dem Veitsdom der bedeutendste gotische Kirchenbau Prags – begonnen um die Mitte des 14. Jh., fertig gestellt um 1510. Sie setzt mit ihrer etwas „martialisch" wirkenden Doppelturmfassade einen bedeutenden städtebaulichen Akzent. Nach einem Brand im Jahre 1679 wurde das Mittelschiff neu eingewölbt und die Kirche barock umgestaltet. Die Ausstattung birgt mehrere hoch-

Prag

Die Nähe zur Mündung der Berounka in die Moldau und die Quarzit-Schwelle, die hier die Moldau quert, könnten die topographischen Gründe dafür gewesen sein, dass sich gerade an dieser Stelle wichtige europäische Handelswege kreuzten, was am Ende des ersten Jahrtausends gute Bedingungen für die Gründung einer Burg und einer Stadt bot. Zudem wurde Prag 973 Sitz des Bischofs, als das Bistum Prag auf Veranlassung des hl. Wolfgang unter dem hl. Adalbert aus dem Regensburger Diözesangebiet herausgelöst wurde. Zunächst bildeten sich mit Altstadt und Kleinseite zwei isolierte Städte auf beiden Seiten des Flusses mit jeweils starken deutschen Kolonien.

Eine erste Blütezeit erlebte Prag im 14. Jh. unter Karl IV. Es wurde nach Paris die zweitgrößte Stadt in Europa. In dieser Zeit wurde mit der steinernen Karlsbrücke auch die eminent wichtige Verbindung über die Moldau gebaut. 1348 wurde in der Stadt die erste deutschsprachige Universität überhaupt gegründet. Mit dem Erstarken des tschechischen Nationalbewusstseins und durch die Hussitenkriege verschoben sich im 15. Jh. unter schweren Auseinandersetzungen die politischen Gewichte zwischen den Nationalitäten. Erst am Ende des 16. Jh. kam es zu einem neuen wirtschaftlichen und kulturellen Aufschwung. Der aber wurde gebrochen durch die Auseinandersetzung zwischen den katholischen Königen Böhmens aus dem Hause Habsburg und den böhmischen Protestanten, welche schließlich den verheerenden 30-jährigen Krieg auslösten. Als Ergebnis dieses Krieges kam es in Böhmen und Mähren durch die Habsburger zur Gegenreformation und zur Re-Katholisierung, auch die Privilegien der deutschstämmigen Bevölkerung wurden erneut gestärkt.

Im 18. Jh. wurden die einzelnen Prager Stadtteile zu einer einzigen Stadt vereint. Im 19. Jh. setzte erneut der Kampf um eine tschechische Autonomie ein, die schließlich 1918 mit der Ausrufung der Tschechoslowakischen Republik in Prag gewonnen wurde. Die Minderheiten-Problematik wurde dabei jedoch nicht befriedigend gelöst. Im März 1939 marschierte die deutsche Wehrmacht in Prag ein und besetzte die Stadt sowie das übrige Böhmen und Mähren, bis sie im Mai 1945 durch die sowjetische Rote Armee vertrieben wurde und kapitulieren musste. Die Stadt Prag überstand den Zweiten Weltkrieg relativ unbeschädigt. 1948 wurde die Tschechoslowakische Volksrepublik unter kommunistischer Führung gegründet. 1968 versuchte das Land sich im sog. Prager Frühling unter Alexander Dubček von dem totalitären Regime zu befreien. Der Aufstand wurde im August 1968 durch die Truppen des Warschauer Paktes in den Straßen der Stadt niedergeschlagen. 1989 trat die kommunistische Regierung zurück, das Land wurde eine föderative Republik. 1993 spaltete es sich in eine Tschechische und eine Slowakische Republik. Prag wurde am 1. Januar 1993 Hauptstadt der Tschechischen Republik.

Stuckrelief über dem Eingangsportal von Sv. Jakub

rangige Werke aus Gotik und Renaissance, so die „Thronende Madonna" des südlichen Seitenschiffes von 1420, die etwa gleichzeitige Kreuzigungsgruppe in der südlichen Nebenapsis, das spätgotische Relief der Taufe Christi von dem tüchtigen Monogrammisten IP und am vierten Pfeiler rechts das Grabmal des berühmten dänischen Astronomen Tycho Brahe, gleichzeitig Lehrer und Konkurrent von Johannes Kepler.

Jan-Hus-Denkmal: Auf dem Altstädter Ring steht seit 1915 das Jugendstil-Denkmal für Jan Hus, den großen Reformator und Vorkämpfer für eine tschechische Nation. 1396 erwarb er an der Prager Universität den Titel eines Magister Artium, 1400 wurde er zum Priester geweiht. Durch seine Predigten in tschechischer Sprache wirkte er ähnlich sprachbildend wie Martin Luther in Deutschland. Als Rektor der Karlsuniversität kämpfte er theologisch u. a. gegen die Verweltlichung des Klerus und den Ablasshandel sowie politisch gegen die Dominanz der Deutschen. 1415 wurde er beim Konstanzer Konzil trotz der Zusage freien Geleites auf dem Scheiterhaufen verbrannt. Dies wirkte als eine Art Initialzündung für die religiöse Reformbewegung der Hussiten.

Altstädter Rathaus: Als äußerliche Manifestation der errungenen Selbstverwaltung wurde den Prager Bürgern im 14. Jh. durch den böhmischen König gestattet, ein Rathaus zu errichten. Den noch immer gotisch geprägten Bau schmückt die weltberühmte astronomische Uhr.

Karlsbrücke: Die Karlsbrücke ist ein um 200 Jahre jüngeres Pendant zur Steinernen Brücke in Regensburg. Sie wurde anstelle der 1342 eingestürzten Judithbrücke errichtet. 1357 legte Kaiser Karl IV. den Grundstein. Als Architekt wird der aus Schwäbisch Gmünd stammende Peter Parler, maßgebender Baumeister auch des Veitsdomes, genannt. An der etwa 500 m langen Brücke mit ihren 16 Bögen wurde etwa 50 Jahre gebaut. Sowohl der Altstädter als auch der Kleinseitner Brückenturm überdauerten nicht nur die Zeiten, beide behielten auch ihre prächtigen gotischen Formen. Im 17. Jh. wurde die Brücke umgebaut und mit barocken Heiligenstatuen geschmückt. Wegen seiner Weigerung, das Beichtgeheimnis zu verletzen, wurde 1393 der hl. Johannes von Nepomuk auf Befehl des Königs von der Brücke aus in der Moldau ertränkt.

Kleinseite: So heißt das sich linksseitig an der Moldau entlangziehende und an den Fuß des Burgberges geschmiegte Stadtviertel, charakterisiert durch zahlreiche ehemalige Adelspalais mit prächtigen Renaissance- und Barockfassaden. Dominiert wird das Stadtviertel durch die riesige St.-Niklas-Kirche, die bedeutendste Barockkirche der Stadt, in 50-jähriger Bauzeit von Christoph Dientzenhofer, zugezogen aus dem bayerischen Inntal, seinem Sohn Kilian Ignaz und schließlich von Anselmo Lurago bis 1750 errichtet. Die beiden Dientzenhofer waren an 120 Bauten im Böhmen der Barockzeit beteiligt. Die opulente Innenausstattung stammt von Ignaz Platzer. Die Kirche St. Maria de Victoria zählt zu den beliebtesten Kirchen Prags, denn sie birgt das berühmte „Prager Jesulein" (betreut von Karmelitern; Gottesdienste in mehreren europäischen Sprachen).

Hradschin: Die Prager Burg – in Teilen über 1000 Jahre alt – wurde auf einem etwa 70 m hohen Hügel links der Moldau erbaut. Der riesige, heute teilweise durch die Organe des tschechischen Staates belegte Komplex ist ein Konglomerat aus Burghöfen, Kirchen, Palais, Museen, Gartenanlagen und kleinen Gassen. Herausragende Baudenkmäler sind neben dem gotischen Dom St. Veit die romanische St.-Georgs-Kirche und die Säle und Treppen des Alten Königspalastes mit ihren spätgotischen Gewölben aus der Wende zum 16. Jh.

Kloster Strahov: Der Prämonstratenserorden wurde 1120 durch den hl. Norbert, Bischof von Magdeburg, gestiftet. Bereits 1140 wurde das Kloster Strahov unter der Regel dieses Ordens gegründet. 1627 wurden sogar die Reliquien des Ordensgründers hierher in den Hochaltar der Klosterkirche Mariä Himmelfahrt übertragen. Trotz Hussitenkriegen und Reformation überlebte der Konvent bis heute; er zählt gegenwärtig etwa 80 Mitglieder.

Nach schweren Zerstörungen wurde die Basilika 1603–1611 im Stil des frühen Barocks umgestaltet und mit einer Doppelturmfassade versehen. 1748–1758 erhielt sie durch Anselmo M. Lurago ihre spätbarocke Gestalt. Unbedingt sehenswert ist die Bibliothek mit ihrem Bestand an 1500 Inkunabeln und 200.000 alten Büchern sowie dem theologischen und dem philosophischen Bibliothekssaal aus der Mitte des 18. Jh. Im Kuriositätenkabinett ist ein Faksimile des berühmten Strahov-Evangeliars von 860 bis 865 ausgestellt. Auch haben sich hier die extrem seltenen Relikte des Dodo erhalten, einer flugunfähigen Riesentaube, die von der Insel Mauritius stammt und dort nach ihrer Entdeckung binnen 100 Jahren ausgerottet wurde.

Radotín – Karlštejn – Hlásná Třebaň 18,2 km

Heute halten wir uns zumeist an Wanderwege auf dem nördlichen Hochufer des Berounka-Flusses, dem wir aus der Distanz immer in Richtung Westen bis nach Karlštejn zur berühmten Burg Karls IV. folgen. Dabei bewegen wir uns auf einer Route, auf der gleichzeitig auch der Europa-Fernwanderweg E10 verläuft und die in der Karte schon als „Svatojakubská cesta 124" (Jakobsweg) bezeichnet ist. Zwar kann man die Nähe der Großstadt aufgrund der zahlreichen großen „Datschen"-Gebiete noch erahnen, aber wirklich stören kann uns das nicht mehr. Eine angenehme Seite des Weges ist es, dass er über weite Strecken immer wieder durch schönen Laubwald führt. Wer einen Tag einsparen will und sich bereits am Anfang eine Tagesetappe von 35 km bis nach Příbram zutraut, kann von Radotín ausgehend statt über Karlštejn zuerst in die Gegenrichtung hinüber nach Zbraslav gehen (5 km) und von dort der roten Markierung direkt nach Mníšek pod Brdy folgen. Nach weiteren 5,8 km wird er auf die Einmündung unserer von Karlštejn herüberkommenden blauen Markierung treffen. Dann geht es wie unten beschrieben weiter nach Příbram.

In der Ortsmitte von **Radotín** trifft man auf die vom nordöstlich benachbarten Zbraslav herkommende rote Markierung. Aus dem Ort herauszufinden, erfordert etwas Aufmerksamkeit! Jedenfalls halten wir uns immer nördlich der Bahnlinie. Wir gehen nach Westen, bis wir auf einen kleinen Bach treffen. Wir folgen ihm auf der an ihm entlangführenden, ziemlich frequentierten Straße, bis rechter Hand ein kleiner Park mit einem Kriegerdenkmal auftaucht. An der diagonal gegenüberliegenden Ecke des Parks nehmen wir die schmale Seitenstraße schräg den Hang hinauf. Wir überqueren die Trasse einer stillgelegten Eisenbahnlinie. Bald kommt rechter Hand ein Friedhof. Wo

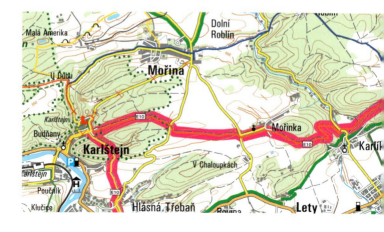

Am Hochufer über der Berounka

dessen Mauer endet, müssen wir nach rechts von der Straße ab steil bergwärts auf einen Fußweg einbiegen. Damit haben wir es geschafft! Von nun an lenkt uns keine Straße mehr ab und die *rote Markierung* hilft uns zuverlässig weiter. Wir bleiben immer auf den Höhen und kommen dabei durch die Dörfer **Solopysky** und **Vonoklasy**.

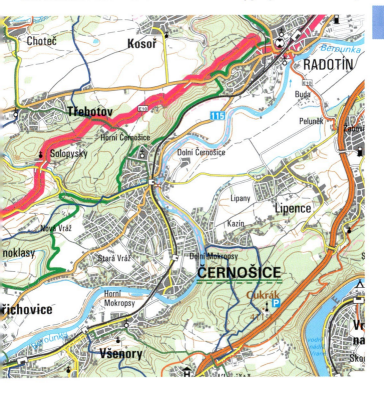

Hinter **Mořinka** folgen wir einer durch eine Buschreihe gekennzeichneten alten Straße, bis der Weg langsam in eine Waldschlucht eintaucht. Wo man den Wald verlässt, erhebt sich unvermittelt hoch über uns wie ein Bild aus längst vergangenen Tagen die Burg **Karlštejn**. Um sie zu besuchen, muss man am Gegenhang ein gutes Stück die Serpentinenstraße hinaufgehen. Zum Übernachten wollen wir jedoch noch nach **Zadní Třebaň** ins Tal der Berounka hinunter: Da, wo wir auf die Fahrstraße zur Burg getroffen sind, endet für uns die rote Markierung, und es beginnt linksweisend eine *gelbe*, die uns bergauf über einen Sattel führt. Von einer Baumgruppe mit Bildstock hat man einen letzten schönen Blick zurück auf die Burg. Der Weg senkt sich anschließend hinunter in das Tal und endet für heute im Ort nahe der Brücke über den Fluss.

Burg Karlštejn: Kaiser Karl IV. ließ diese einstmals sicher einsam über einer Waldschlucht gelegene Bilderbuchburg zwischen 1348 und 1355 zur Aufbewahrung der Reichskleinodien und der heiligen Reliquien erbauen. 1812 wurden die vernachlässigten Gebäude zum ersten Mal renoviert und Ende des 19. Jh. historisierend wieder ganz hergestellt. Relativ unberührt blieb die Hl.-Kreuz-Kapelle mit ihrem frühgotischen Interieur, wie dem mit Goldsternen geschmückten blauen Gewölbe und den 127 hölzernen Bildtafeln des böhmischen Meisters Theodorik. Nur um die Standard-Besuchstour mitzumachen, lohnt der Aufstieg zur Burg freilich nicht. Sich der großen Tour zur Hl.-Kreuz-Kapelle anzuschließen, kostet allerdings 300 Kr. und nimmt etwa zwei Stunden in Anspruch.

Die Burg Karlštejn

Hlásná Třebaň – (▶ Mníšek) – Dobříš   19,8 km

Als Erstes überschreiten wir heute auf einer Fußgängerbrücke die Berounka in Richtung Süden. Nachdem wir deren Tal verlassen haben, wird es einsamer. Schließlich erreichen wir den bewaldeten Höhenzug, der die kleinere Berounka von der großen Moldau trennt. Für den Rest dieses Tages bewegen wir uns auf bequemen Wegen ohne große Höhenunterschiede in diesen Wäldern. Wer das barocke Höhenheiligtum Skalka besuchen will, das nicht direkt auf unserer Route liegt, kann auf markiertem Weg einen wenige Kilometer langen Umweg in Richtung Nordosten einschlagen und von dort aus anschließend steil hinunter nach Mníšek pod Brdy absteigen. Den Ort auf der gegenüberliegenden Seite auf blauer Markierung verlassend, wird er nach einigen Kilometern wieder auf die rote, von Kytín herkommende Route treffen, die hier in die blaue Route in Richtung Dobříš mündet.

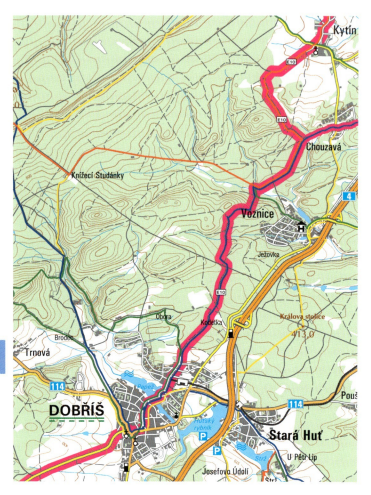

Wir bleiben auf der *gelben Markierung* und überschreiten die Fußgängerbrücke über die Berounka. Dann umgehen wir den Bahnhof von **Zadní Třebaň**, überqueren den Bach und halten uns bergwärts in Richtung Süden. Über freies Feld erreichen wir schließlich die Ortschaft **Halouny**. Gleich am Ortseingang wechseln wir auf eine *blaue Markierung*, die uns bergauf in den Wald führt. Etwa 1,5 km hinter Halouny, in der Nähe des Teiches Jezirko mit seiner etwas obskuren Hüttensiedlung, wo man wieder auf eine *gelbe Markierung* treffen sollte, wurden offensichtlich alle Markierungen rund um die Bergkuppe systematisch gelöscht! Anhand der Karte kann man sich jedoch den Weiterweg leicht selbst erschließen: nämlich genau in Richtung Süden bzw. vom höchsten Punkt aus gesehen halbrechts haltend. Nach wenigen 100 m taucht in einer Bodenwelle die *gelbe Markierung* auch tatsächlich wieder auf. Sie führt weiter bis zu einer *roten Markierung*, der wir nach rechts in Richtung Kytín folgen.

Variante: Wer an diesem Punkt auf der roten Markierung in die Gegenrichtung nach Nordosten geht, erreicht nach kurzer Strecke den Höhenwallfahrtsort Skalka und danach das nahe Mníšek pod Brdy. Man muss dabei einen Umweg von etwa 5 km in Kauf nehmen.

Hinter Kytín stößt man schließlich auf die *blaue Markierung*, die von Mníšek pod Brdy herkommt und uns auf schönen Waldstrecken ohne große Höhenunterschiede weiter zum Tagesziel Dobříš bringt.

Skalka: Ende des 17. Jh. wurde in dieser landschaftlich hervorragenden Lage ein kleines Kloster mit Kirche und Einsiedelei erbaut. Die der Maria Magdalena geweihte Kapelle von 1693 wurde als Kopie der Magdalenen-Kapelle von Aix-en-Provence durch Christoph Dientzenhofer errichtet. Peter Brandels Deckenfresko der bußfertigen Heiligen wurde leider abgenommen und in die St.-Wenzel-Kirche nach Mníšek gebracht. Bis in die fünfziger Jahre des 20. Jh. war Skalka ein beliebter Wallfahrts- und Kirmesort.

Mníšek pod Brdy: Der Markt im Hügelland von Benešovská pahorkatine am Fuße des Brdy-Waldes ist seit 1348 urkundlich belegt. Er wurde immer im Zusammenhang mit Jagd, Holznutzung und Erzfunden erwähnt. 1356 erhielt er Marktrechte. Die Festung diente u. a. der Sicherung des Goldenen Steiges in Richtung Passau. Sie wurde in ein eindrucksvolles Schloss umgebaut. Im 19. Jh. wurde der Ort zu einem Ausflugsziel für die Prager Bürger.

Dobříš: Auch durch diese Stadt führte einst der Goldene Steig in Richtung Bayern. Das große Schloss derer von Colloredo-Mansfeld von 1745 bis 1765 liegt in einem 25 ha großen Garten im französischen Stil. Es wurde 1995 an die ehemaligen Besitzer zurückgegeben.

Skalka über Mníšek pod Brdy

Dobříš – Příbram 22,5 km

Die heutige Etappe ist ziemlich kurz und nicht schwierig. Aber wir brauchen den Nachmittag, um in Příbram die zweite Jakobskirche auf unserem Weg sowie den „Heiligen Berg" zu besuchen – wer noch nicht zu müde ist, vielleicht sogar über die „Heilige Stiege". In Dobříš trennen wir uns endgültig vom E10, der von hier aus weiter in Richtung Südosten nach České Budějovice (Budweis) zieht, während wir Jakobspilger unserer Generalrichtung Südwest treu bleiben. Wir durchqueren auch heute wieder auf möglichst direktem Weg ein offenes, meist landwirtschaftlich genutztes Gebiet, um danach sofort wieder in das nächste Waldgebiet einzutauchen. Wie gewohnt sind hier die Wege schattig, ruhig und angenehm zu begehen. Den Innenstadtbereich von Příbram erreichen wir bei der katholischen Kirche St. Jakob. Die Gemeinde wollte offenbar mit einem modernen Relief am Eingangsgitter der Kirche an den Patron der Pilgerschaft nach Santiago erinnern.

Wir verlassen Dobříš vom Zentrum aus *ohne Markierung* in Richtung Westen auf der wenig befahrenen Ortsverbindungsstraße nach **Rosovice**, welches man nach 5 km erreicht. Dort beginnt am Ortsein-

Am Heiligen Berg bei Příbram

Gepflegtes Andachtsbild bei Příbram

gang beim Wetterschutz einer Bushaltestelle eine *blaue Markierung*, der wir auf der Straße nach rechts hügelauf und hügelab durch die kleinen Ortschaften **Holšiny** und **Buková** folgen. Vor Buková lassen wir im Tal einen Teich rechter Hand liegen. Auf der Höhe hinter Buková treffen wir nach dem Wiedereintritt in den Wald endlich auf eine *grüne Markierung*. Sie erlöst uns vom Marschieren auf Asphalt und führt uns bequem immer im Wald nach Süden. Erst kurz vor Příbram müssen wir uns wieder, wie häufig bei der Annäherung an eine größere Stadt, auf Teerstraßen einlassen.

Příbram: Der Ort entwickelte sich im Besitz des Prager Erzbistums seit 1216 zur Stadt, deren erste Blütezeit im frühen 16. Jh. kam, als hier der Silberbergbau begann und Příbram königliche Bergstadt wurde. Nach der totalen Depression durch den 30-jährigen Krieg nahm sie einen erneuten Aufschwung durch den Eisenbergbau. Im

„Holzscheit'l-Madonna"

Příbram war bis ins 20. Jh. hinein eine der wichtigsten Marienwallfahrten für die Gläubigen aus dem deutsch-böhmischen Raum bis hin in den Bayerischen Wald. In jüngster Zeit zeichnet sich ein zaghafter Neubeginn dieser Tradition ab. Gerne als Wallfahrtsdevotionalie mit nach Hause gebracht und auch heute noch von Kennern im deutschsprachigen Raum geschätzt waren die sog. „Holzscheit'l-Madonnen", einfache Nachbildungen des Příbramer Gnadenbildes mit seiner überdimensionierten Krone. Ihre seltsame Bezeichnung geht auf die Methode ihrer Fertigung zurück: Man spaltete ein Stück einer quadratischen Holzbohle diagonal und arbeitete aus den beiden so entstandenen Dreieckshölzern zwei Figuren heraus.

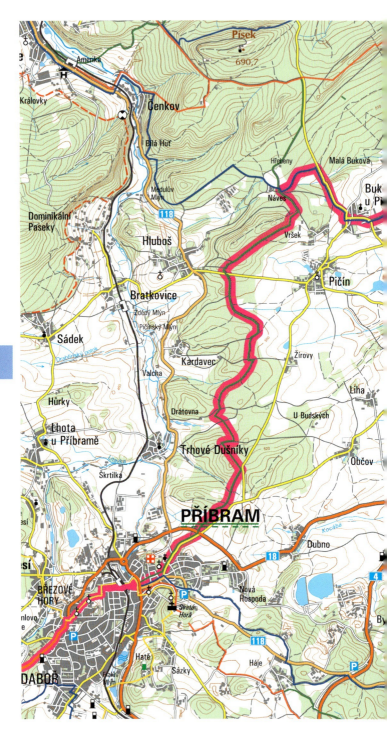

19. Jh. wurde hier die k. u. k. Bergbauakademie gegründet, die bis ins 20. Jh. als Berguniversität fortlebte. Selbst in der Nachkriegszeit wurde hier noch zugunsten der Sowjetunion der Uranbergbau aufgenommen. In der 40.000 Einwohner zählenden Stadt erinnert heute nur noch das größte tschechische Bergbaumuseum an die Bergwerksvergangenheit.

Svatá Hora (Heiliger Berg): Příbram ist überragt vom Svatá Hora mit dem ehemals bedeutendsten Marienheiligtum in Tschechien. Die durch die Mauer eines freskengeschmückten Prozessionsumganges sowie von mehreren Kapellen umschlossene Kirche Mariä Himmelfahrt entstand im Zuge der Gegenreformation in der Zeit von 1658 bis 1709 durch die Architekten Carlo Lurago, G. D. Orsi und P. I. Bayer. Der vergoldete Hochaltar mit dem silbernen Tabernakel birgt die gotische Madonnenstatue mit Kind von 1348. Jeden dritten Sonntag nach Pfingsten ist „Krönungsfeier", bei der die Statue eine neue Krone erhält. Aus der Stadt führt seit 1730 eine 460 m lange, überdachte Treppe auf den Berg.

Příbram – Rožmitál pod Třemšínem 19,3 km

Auch die heutige Etappe ist nicht sehr lang. Haben wir erst Příbram hinter uns gelassen, nimmt uns wieder der Wald auf. In der Nähe der Ortschaft Vysoká u Příbramě (die wir links liegen lassen) durchqueren wir den Park eines Neo-Renaissance-Schlösschens mit Museum, ehemals im Besitz der Grafen von Kaunitz, welches lange Jahre die Sommerresidenz des tschechischen Komponisten Antonín Dvořák war. Auch das reizende kleine Städtchen Rožmitál ist es wert, Zeit für eine nähere Erkundung aufzuwenden.

Man kann **Příbram** auf zwei verschiedenen Varianten verlassen: entweder etwas verwickelt entlang der gelben Markierung über den Heiligen Berg oder kürzer mitten durch die Stadt entlang der Straße Nr. 18 (in Richtung Rožmitál), was allerdings in den Außenbezirken mangels Fußweg erhöhte Vorsicht erfordert. Aber bereits nach wenigen Kilometern treffen im Vorort **Vysoká Pec** die gelbe Markierung und die Straße wieder aufeinander. Wir folgen ab hier einer *blauen Markierung* nach links von der Straße weg aus dem Ort hinaus. Immer durch Wald gelangen wir zum Park des Dvořák-Schlösschens, einem wunderschönen Platz für eine Rast. Weiter geht es über flaches Feld durch die Ortschaft **Strýčkovy** hindurch, an einem Teich vorbei zu dem kleinen Ort **Nesvačily** und weiter bis nach **Rožmitál**.

Rožmitál pod Třemšínem: Kleine Stadt mit einem unregelmäßigen Stadtplatz um Rathaus und Kirche des hl. Johannes von Nepomuk, um 1250 gegründet. Das Schloss mit spätgotischen Relikten war lange im Besitz der Prager Erzbischöfe. Das Hauptgebäude ist aus dem 16. Jh. und mit Sgraffiti geschmückt. In Rožmitál wirkte 1788–1815 Jakub Jan Ryba als Lehrer und bedeutender Komponist von 1400 Werken, darunter die berühmte tschechische Weihnachtsmesse.

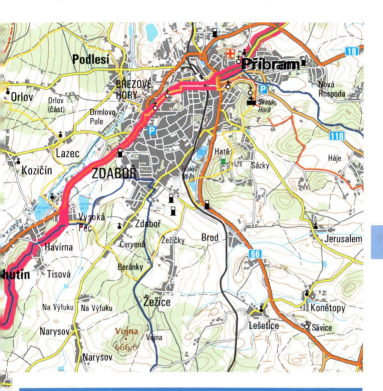

Reise des Lev von Rožmitál nach Santiago

Im November 1465 brach der Schwager des Königs Jiří von Poděbrady am Ende der Hussiten-Kriege mit einer Abordnung vorwiegend südböhmischer katholischer Adeliger zu einer Art „Goodwilltour" in den Westen auf. Die zwei Jahre dauernde Reise ist beschrieben in den Reiseberichten des Václav Šašek von Biřkov sowie ihres deutschen Reisebegleiters Gabriel Tetzel aus Nürnberg. Santiago de Compostela wird dezidiert als ein wichtiges Ziel dieser Reise aufgeführt. Die Reiseroute wurde vorwiegend von politischen Erwägungen diktiert und führte im Bereich des Heiligen Römischen Reiches Deutscher Nation über Pilsen, Eger, Nürnberg nach Heidelberg und Mainz. 1467 kehrte die Reisegruppe von Santiago nach Böhmen zurück.

Rožmitál pod Třemšínem – Kasejovice 25,7 km

An diesem Tag steht als Erstes die Durchquerung des landschaftlich eindrucksvollen und ziemlich einsamen Přirodny park Třemšín (Naturpark Třemšín) an. Der Naturpark ist die südliche Ausbuchtung des von Nordosten nach Südwesten streichenden Rückens des Mittelböhmischen Waldgebirges, des Brdy-Waldes. Der Třemšín, der die Reste einer Burg und einen Aussichtsturm trägt, ist mit 827 m der höchste Punkt, den wir erreichen werden. Wenn wir in Starý Smolivec den Naturpark hinter uns gelassen haben, wartet auf uns eines der für Mittelböhmen typischen Teichgebiete. Wir passieren vier riesige Fischteiche, die nach unserem Verständnis schon eher Seen entsprechen. Gleich am ersten, bei der Ortschaft Metly, kann man noch die Spuren eines durch das August-Hochwasser von 2002 verursachten verheerenden Dammbruches erkennen. Für die folgende Übernachtung müssen wir uns zwischen Lnáře vor und einem Motel an der Europastraße E49 hinter Kasejovice entscheiden.

Aus **Rožmitál** hinaus führt am Fischteich entlang eine *rote Markierung* zu der kleinen, idyllisch gelegenen Siedlung **Hutě pod Třemšínem**. Eine geteerte Forststraße zieht sich von dort schnurgerade in gleichmäßiger Steigung zum höchsten Punkt des Berges **Třemšín** hinauf. Bei der Kapelle, gleich nach Erreichen des Gipfelplateaus wechseln wir nach links auf die *blaue Markierung* über, die uns zuerst auf einem Steiglein den Burghügel hinunter und dann auf Waldwegen und Forststraßen immer weiter durch die großen Wälder hinaus nach **Starý Smolivec** führt. Danach gelangen wir über freies Feld in ein Gebiet mit vier großen Teichen. An ihnen vorbei kommen wir noch immer auf der blauen Markierung zuerst nach **Újezd** und endlich nach **Kasejovice**.

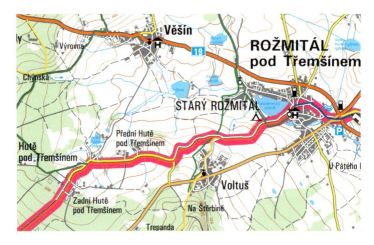

Variante: Beim letzten dieser Teiche mit Namen Újezdský rybník kann man auf der Ortsverbindungsstraße nach links in Richtung Lnáře abbiegen (dort gibt es ein Schlosshotel und ein weiteres einfaches Hotel). Der nächste Tag beginnt dann mit einem 4 km langen Marsch nach Kasejovice entlang einer roten Markierung.

Wegkapelle am Gipfelplateau von Třemšín

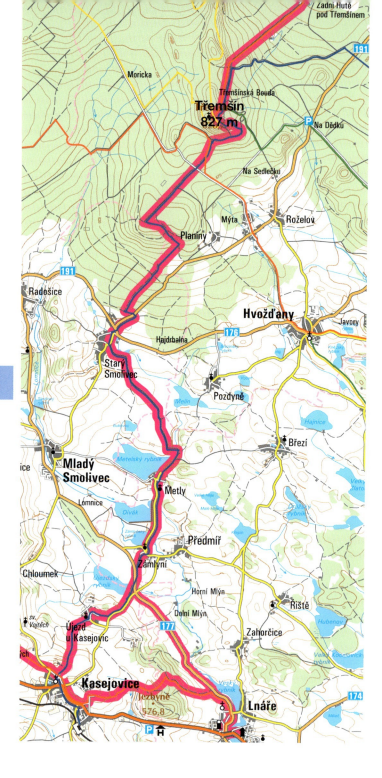

Kasejovice – Nepomuk 16,5 km

In Kasejovice stehen wir vor der dritten Jakobskirche auf unserem Weg durch Böhmen. Auf unserer heutigen Tagesstrecke lassen wir den Brdy-Wald endgültig hinter uns und streben dem Vorland des Šumava (Böhmerwald) zu. Höhepunkt ist unser Tagesziel Nepomuk, der Geburtsort des hl. Johannes von Nepomuk, dessen Statue auch an vielen unserer Brücken zu finden ist. Die gotische Jakobskirche in Nepomuk ist die vierte auf unserem Weg.

Die *rote Markierung* führt durch **Kasejovice** hindurch, über den Stadtplatz hinweg und links an der dem hl. Jakobus geweihten Kirche vorbei. Nach Erreichen des Waldes geht es eine Weile links am Waldrand entlang, bis wir auf die viel befahrene Europafernstraße E 49 Plzeň (Pilsen) – České Budějovice (Budweis) treffen. Dort liegt auf der anderen Straßenseite das Motel Agro (Übernachtungsmöglichkeit). Wir tauchen wieder in den Wald ein und lassen den Verkehrslärm hinter uns. Bei einem kleinen Schlösschen passieren wir zuerst den Teich von **Životice**, später den von **Mohelnice**. Schließlich erreichen wir **Dvorec**, was schon als Vorort unseres Tagesziels gelten kann. Das Städtchen **Nepomuk** selbst liegt am Talhang des Baches Mihovka.

Die Jakobskirche von Kasejovice

Ankunft in Nepomuk

Kasejovice: Die Gründung dieser kleinen Stadt geht auf die Mitte des 13. Jh. zurück. Der Stadtplatz wird dominiert durch die bergseitige Kirche St. Jakob. Errichtet auf gotischen Fundamenten aus der Mitte des 13. Jh., präsentiert sie sich heute als barocker Umbau aus dem 18. Jh., der Turm ist noch jünger. Kasejovice hatte bis zum Zweiten Weltkrieg einen bedeutenden jüdischen Bevölkerungsanteil. Die Synagoge aus der Barockzeit ist heute städtisches Museum; der 1704 angelegte jüdische Friedhof im Norden der Stadt ist bemerkenswert. 2 km nördlich der Stadt befindet sich die St. Vojtěch (hl. Adalbert) geweihte Kapelle nahe einer als heilkräftig verehrten (in der Tat Radon-haltigen) Quelle.

Nepomuk: Nepomuk gewann Bedeutung durch das 1144 in der Nähe gegründete Zisterzienserkloster sowie die im 13. und 14. Jh. beginnende Gold- und Silberförderung. Die heute touristisch erschlossene Stadt wird noch immer durch zwei Kirchen dominiert: die an der Stelle des Geburtshauses des Ortsheiligen Johannes von Nepomuk durch Kilian Ignaz Dientzenhofer um 1734–1736 errichtete barocke Kirche am großen Stadtplatz sowie die ursprünglich romanische Pfarrkirche St. Jakob, die 1360–1370 gotisch umgebaut und später mit bedeutenden Renaissance-Fresken ausgeschmückt wurde (Schlüssel nebenan im Dekanatsbüro). Das Hochaltarblatt zeigt den hl. Jakobus. Ein weiteres Wahrzeichen der Gegend auf einer Höhe über der Stadt ist das Schloss Zelená Hora (Grünberg).

Nepomuk – Klatovy 35,9 kr

Die fünf Tage seit Prag sollten uns das nötige Training für die heutige Etappe verschafft haben, denn sie ist die längste von allen. Es geht dabei weiter entlang der von Nordost nach Südwest streichenden bewaldeten Höhenrücken mit ihren dazwischen liegenden Bachtälern auf den Šumava (Böhmerwald) zu. Einzige Stadt von nennenswerter Bedeutung ist Plánice. 706 m hoch ist der Barák, den wir halbwegs zwischen Plánice und Klatovy überschreiten.

Wir haben **Nepomuk** von Nordwesten her betreten und verlassen es heute mit der *roten Markierung* genau nach Süden aus dem Tal heraus, wobei wir am Stadtrand zuerst wieder die Europafernstraße E49 überqueren müssen. Hinter der Ortschaft **Kozlovice** betreten wir den Wald, der zum Přírodní park (Naturpark) Plánický hřeben-Kákov gehört und den wir nun bis nach **Kvasetice** durchqueren. Gleich danach kommt schon das Städtchen **Plánice**. Dort dreht unsere Wegrichtung nun mit *gelber Markierung* endgültig nach Westen. Wiederum durch schöne, einsame Waldgebiete kommen wir zuerst nach **Habartice**. Von dort geht es zügig hinauf auf den **Barák** (706 m), um schließlich über **Kydliny** und **Činov** hinunter nach **Klatovy** zu kommen.

Klatovy (Klattau): Die Stadt wurde von Fernhändlern um 1260 am Weg nach Bayern gegründet. Von der Stadtbefestigung haben sich der Schwarze und der Weiße Turm erhalten. Die Stadt war einst ein wichtiger Stützpunkt des radikalen Flügels der Hussiten. Unter der frühbarocken Jesuitenkirche St. Ignaz am Stadtplatz verbergen sich Katakomben mit zahlreichen mumifizierten Leichnamen. In der Dechantskirche Mariä Geburt befindet sich das berühmte Wallfahrtsbild der „blutenden Klattauer Madonna", einst wie heute wieder das Ziel der Wallfahrer. Ein italienischer Baumeister brachte in der zweiten

Hälfte des 17. Jh. aus seiner Heimat die Kopie des Gnadenbildes der „blutenden Madonna von Re'" nach Klatovy. Und das Wunder geschah: Am 8. Juli 1685 begann auch dieses Bild, blutige Tränen zu weinen. Berühmt ist auch die Apotheke „Zum weißen Einhorn" mit ihrer noch aus dem Barock stammenden Einrichtung.

Hussiten

Im Gefolge der Hinrichtung von Jan Hus im Jahre 1415 konkretisierte sich im tschechischsprachigen Bevölkerungsteil Böhmens zunächst eine in religiöser Hinsicht „fundamentalistische" Reformbewegung, die sich bald in mehrere Flügel aufspaltete, deren Zielvorstellungen differierten und mehr oder weniger weitreichende nationalpolitische und sozialreformerische Elemente mit einbezogen. Die beiden bedeutendsten Flügel sind nach heutigem Verständnis zu charakterisieren als eher gemäßigt (Calixtiner oder Utraquisten = Oberschicht) bzw. als eher radikal (Taboriten = Mittel- und Unterschicht). Gemeinsam waren ihnen die scharfe Opposition gegenüber dem Papsttum, der Amtskirche und der Oberherrschaft der Römischen Könige Deutscher Nation auf dem böhmischen Königsthron. 1419 mündete die Bewegung in einen offenen Aufstand (erster Prager Fenstersturz). Die gemeinsamen Versuche von Papst und Kaiser, die Geister dieser hussitischen Revolution in mehreren Kreuzzügen mit Waffengewalt wieder „in die Flasche zurückzubekommen", scheiterten und provozierten heftige Gegengewalt. Die militärisch äußerst erfolgreichen hussitischen Volksheere stießen bis 1434 immer wieder verwüstend nach Österreich, Schlesien, Sachsen und Bayern vor. Es bildete sich (noch vor der anglikanischen) die erste unabhängige Nationalkirche Europas – die Böhmisch-Mährischen Brüder. 1434 wurde auf dem Basler Konzil ein Kompromiss entwickelt, der jedoch zu einer Spaltung der hussitischen Front führte. Noch im selben Jahr wurden die (radikalen) Taboriten durch eine Koalition von gemäßigten Utraquisten und kaiserlichen Truppen bei Lipany entscheidend besiegt. Ab 1522 traten die tschechischen Stände hussitischer Tradition zum größten Teil der Reformation bei. Durch die Hussitenkriege des 15. Jh. und die damit einhergehenden Verwüstungen der Region sowie die Reformation am Anfang des 16. Jh. wurde die Tradition der Jakobspilgerei unterbrochen. Darüber hinaus wurden in der Zeit der Gegenreformation durch die federführenden Jesuiten bevorzugt die Marienverehrung und damit die lokale Marienwallfahrt anstelle der Fernpilgerfahrten gefördert.

Am Stadtplatz von Klatovy

Klatovy – Kdyně   26,8 km

Um an unser heutiges Tagesziel Kdyně zu gelangen, gibt es zwei Optionen: eine südlichere Route, die blau, oder eine nördliche, die grün markiert ist. Die grün markierte Route ist einsamer, aber auch anspruchsvoller, da sie am Ende über den 773 m hohen Koráb verläuft. Die blaue Route (sie führt von Klatovy hinaus nach Bezděkov und weiter über Soustov immer direkt nach Westen) sollte vielleicht derjenige bevorzugen, der den steilen Abstieg vom Koráb hinunter nach Kdyně vermeiden will. Aus Klatovy heraus den richtigen Anschluss zu finden, verlangt jedoch in jedem Fall etwas Aufmerksamkeit. Normalerweise folgt man vom Stadtplatz aus der roten Markierung bis zum entscheidenden Verzweigungspunkt von Grün und Blau, der außerhalb der Stadt am Nordhang des Klatovska Húrka im Bereich einer Schrebergarten-Kolonie neben der Bahnlinie liegt. Man kann sich die Wegfindung vielleicht auch dadurch vereinfachen, dass man diese rote Markierung ignoriert und einfach zum Bahnhof geht, wo man auf die grüne Markierung trifft, die einen an der Bahnlinie entlang ebenfalls zum Verzweigungspunkt der Routen Grün oder Blau bringt.

Wir betreten den Stadtplatz von Klatovy an seiner südöstlichen und verlassen ihn diagonal gegenüber an der nordwestlichen Ecke auf der *roten Markierung*. Zunächst führt sie uns über den Drnový-Bach und durch ein Wohngebiet mit Gründerzeit-Häusern den Hang hinan. Schließlich halten wir uns rechts an den Waldrand. Wir gehen dabei an einer Schrebergarten-Kolonie entlang und schließlich rechts abwärts durch sie hindurch. In der Nähe der Bahnlinie leitet uns die *ro-*

te Markierung zum Verzweigungspunkt der grünen und der blauen Routen. Wir nehmen die über **Tajanov** aus der Stadt hinausführende, *grün markierte Route*.

Zuerst überschreiten wir das Flüsschen **Úhlava** rechter Hand auf einem Übergang über eine Schleuse. Das Stück nach Tajanov und Tupadly müssen wir notgedrungen auf der Teerstraße hinter uns bringen, bis wir wieder Naturgrund unter die Füße bekommen. Nun folgt die abwechslungsreiche Überquerung mehrerer Bachtäler mit dazwischenliegenden bewaldeten Höhenrücken – die aufeinander folgenden, kleinen Ortschaften heißen **Tetětice**, **Vílov** und **Úsilov**. Von letzterer aus erfolgt der offenbar nicht sehr häufig begangene, dafür aber umso schönere Anstieg auf den **Koráb** (773 m) – der Aussichtskanzel über Kdyně und dem Domažlicer (Tauser) Becken –, auf dem quasi als Entschädigung ein Gipfelrestaurant des tschechischen Touristenclubs KČT wartet. Laufen von dort zunächst unsere grüne und eine neu aufgetauchte *gelbe Markierung* gemeinsam auf dem Fahrsträßchen talwärts, biegt die gelbe in einer kleinen Depression bald nach links in einen steilen Hang ab. Diesem *gelb markierten Steig* folgen wir nahezu in Falllinie direkt hinunter ins Zentrum von Kdyně.

Kdyně (Neugedein): Dokumentarisch belegt ist der Ort seit 1384. Bereits im 16. Jh. durfte er Zölle auf Wein, Bier und Pferde erheben. Stadtrechte erhielt er offiziell erst 1840. Er lag immer im Einflussbereich der Herrschaft Rýzmberk (Riesenberg), dessen Stammburg als Ruine die Stadt überragt. Die zweite prägende Ruine der Gegend ist Nový Herštejn (Neu-Hirschstein). Durch Kdyně führte der uralte Handelsweg über den Neumarker Sattel hinaus nach Eschlkam und Neukirchen beim Hl. Blut.

Kdyně – Všeruby / Eschlkam   11,4 km

Im Prinzip könnte man von Kdyně hinaus in Richtung Grenze zwischen drei Routen wählen: der alten Handelsstraße über den Všeruby- (Neumarker) Sattel – die aber außer Betracht bleiben muss, da hier heute die Autostraße verläuft –, einer direkten gelben Route über den Čepice (642 m) – auf welcher zugleich der Europafernwanderweg E6 verläuft –, oder die bequemere, jedoch etwas längere grüne Variante über Nová Ves.

Wir wählen dieses Mal letztere und verlassen **Kdyně** entlang der Straße nach Brnířov. Dort überschreiten wir den Bach nach rechts und wenden uns auf einem Wiesenpfad parallel zur Straße bergwärts. Über die Hügelkuppe hinweg gehen wir hinunter nach **Nová**

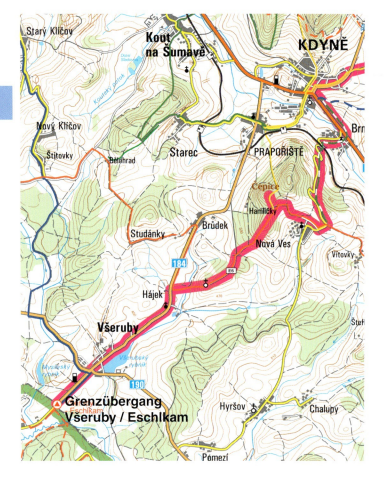

Blick vom Ráj zum Hohen Bogen

Ves. Im Ort treffen wir auf eine quer verlaufende *rote Markierung*, der wir nach rechts hinauf zu einer Waldkuppe mit Namen Ráj folgen. Dort finden wir auch wieder die *gelbe Markierung* und den E6 vor. Und genau hier verläuft auch die europäische Wasserscheide. Wenn wir weitergehen, befinden wir uns von nun an schon im Einzugsbereich der Donau. Aus dem Wald heraustretend sehen wir plötzlich in der Ferne die vertraute Silhouette des Hohen Bogen und davor klein, aber deutlich den weißen Kirchturm von St. Jakob in Eschlkam. Hinunter nach **Hájek** und weiter zum Grenzübergang bei **Všeruby** (Neumark) geht es über die leider verschlossene Wallfahrtskirche von Tannaberk. Nach dem Abstieg verläuft der restliche Weg auf der Autostraße bis zur Grenzstation. Nach weiteren 8 km erreicht man **Eschlkam** und hat damit Anschluss an das Netz des öffentlichen Nahverkehrs in Bayern.

Tannaberk: Die Wallfahrtskirche St. Anna wurde 1712 erbaut. Einstmals stand hier sogar eine Pilgerherberge. Ab 1747 war Tannaberk eigene Pfarre, die kleinste der Christenheit mit zwölf Seelen. Der nächstgelegene Ort hieß Donau (ursprünglich Tanna), heute Hájek.

Der Ostbayerische Jakobsweg
– für Fußpilger

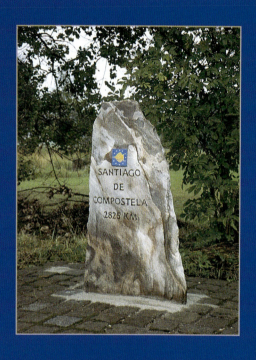

Vom Grenzübergang bei Všeruby / Eschlkam
nach Regensburg und weiter nach Eichstätt
und Donauwörth

273 km

Grenzübergang – Neukirchen b. Hl. Blut 14,9 km

Direkt an der Grenze nach Tschechien (die gemeinsame Grenzstation Vševuby / Eschlkam liegt ca. 200 m entfernt auf tschechischem Gebiet) hat die Marktgemeinde Eschlkam eine Wegmarke aus Osser-Gneis aufgestellt, welche die Jakobsmuschel im Sternenkranz zeigt und die Inschrift trägt: Santiago de Compostela 2825 km. Dort also beginnt der Ostbayerische Jakobsweg und dort beginnen wir unsere Pilgerfahrt durch Ostbayern, der eine oder andere vielleicht sogar mit dem Fernziel Santiago. In einem moderaten Auf und Ab, durch Wald und über freies Feld mit schönen Rundumsichten durchqueren wir heute das „Land hinter dem Hohen Bogen", auch Hohenbogener Winkel genannt. Immer wieder umkämpft, bedroht und zerstört – im 15. Jh. durch die Hussiten, im 30-jährigen Krieg durch die Schweden, im 18. Jh. durch diverse Erbfolgekriege –, ist es geprägt durch die beiden ehemaligen Kirchenburgen von Eschlkam und Neukirchen beim Hl. Blut. Wer die Wallfahrtskirche von Neukirchen betritt, spürt die ungebrochene Tradition der Marien- und Hostienwallfahrt bis heute.

Ca. 200 m nach dem Grenzstein biegen wir bei der ersten Gelegenheit nach links von der jüngst ausgebauten Teerstraße ab und gehen einen Weg entlang, der in den Zeiten, als diese Grenze nicht nur bloße Landesgrenze, sondern Teil des Eisernen Vorhangs war, von den Beamten des Grenzschutzes als Grenzkontrollweg genutzt wurde. Wir überschreiten den schmalen Chambbach bei einem Pegelhäuschen. Kurz danach erreichen wir das Stachesrieder Holz, das wir jedoch zunächst **nicht** betreten. Stattdessen gehen wir scharf rechts auf einem Waldweg noch ein Stück am Waldrand entlang. Auf bequemen, fast ebenen Waldwegen verfolgen wir nun in südlicher Richtung den Lauf des Chambs, den man rechter Hand allerdings mehr ahnen als sehen kann. Nach Verlassen des Waldes tauchen auf der linken Hangseite einige kleine Einödhöfe auf und wir treffen auf deren geteerte Zubringerstraße. Auf dieser Straße geht es nun immer hügelauf und hügelab bis nach **Seugenhof**. Dort mündet unser Weg in die Ortsverbindungsstraße in Richtung Stachesried ein. Wir durchqueren das lang gestreckte Dorf mit seiner kleinen Kapelle und bleiben auf dieser Straße, die nach dem Ortsende zunächst ein kleines Tal durchquert, um gegenüber wieder an Höhe zu gewinnen. Bevor sie hinter der Hangkante verschwindet, biegen wir direkt hinter dem ersten Haus auf der rechten Straßenseite nach rechts in einen Feldweg ein, der uns hinunter zum Chamb bringt. Aber aufgepasst! Wir wählen nicht den scheinbar einfacheren Weg im Bachtal links um den vor uns liegenden Hügel herum, sondern wir überschreiten den Hügel hinüber nach **Großaign**. Dazu müssen wir den Chamb im Talgrund nach Passieren eines kleinen Badeweihers auf einer kleinen

Holzbrücke überqueren. Man erreicht das kleine Holzbrücklein über den Chamb durch einen etwa 50 m langen „Sprung" nach rechts quer über die Wiese. Wer den Feldweg bis zum ersten Haus weiterverfolgt hat, weiß jedenfalls, dass er zu weit gegangen ist und die Brücke verfehlt hat. Auf der anderen Bachseite trifft man auf einen betonierten Wirtschaftsweg, der ohne größere Umwege direkt auf die Höhe hinauf- und drüben in den Ort Großaign hinunterführt. Dort treffen wir wieder auf die neu ausgebaute Straße, die von der Grenze herkommt. In Großaign führt der Weg nach links hinab ins Tal zur Brücke über den Chamb. Dort wird auch der Sinn unserer Wegewahl klar. Steht doch auf der Brücke eine durch die Markt- und Pfarrgemeinde Eschlkam im Jahr 1991 aufgestellte nahezu lebensgroße Statue des hl. Jakobus als Pilgerpatron, dessen Schutz die Benutzer dieses uralten Handels- und Pilgerweges hinüber nach Böhmen anempfohlen werden. Unmittelbar gegenüber baut sich der steile Kirchenhügel von **Eschlkam** auf, den wir nun auf einem beschatteten Fußweg neben der Zugangsstraße erklimmen.

Der hl. Jakobus an der Brücke von Großaign

Tipp: Für den Jakobspilger, der nicht aus Böhmen herüberkommt bzw. der nicht den Ehrgeiz hat, den Ostbayerischen Jakobsweg unmittelbar am Grenzstein in Angriff zu nehmen, bildet Eschlkam den ersten geeigneten Ausgangspunkt, ist der Markt doch an Werktagen von Furth i. W. aus mit öffentlichen Verkehrsmitteln erreichbar.

Unser Weiterweg beginnt zweckmäßigerweise direkt am Gasthof „Zur Post", der die Südostecke des Waldschmidtplatzes einnimmt. Wir gehen nach rechts einbiegend um den Gasthof herum und folgen der Markierung bergwärts, vorbei an Schule, Kindergarten und Feuerwehr, umgehen den Pestfriedhof rechts herum und gehen dann geradeaus durch den Buchenring, bis wir an der Bebauungsgrenze bei einem halb aus dem Boden ragenden Wasserreservoir auf die Umgehungsstraße treffen. Wir folgen dieser Straße auf der Hügelkuppe für etwa 100 m nach rechts, wobei es sich empfiehlt, hier wegen überraschend auftauchender Fahrzeuge besonders vorsichtig zu sein. Schon bei der ersten Gelegenheit biegen wir aber nach links von der Straße in einen Feldweg ein, der nach etwa 50 m an einem freistehenden Stadel vorbeiführt. Es geht nun fast eben in einem leichten Linksbogen durch ein kleines Wäldchen um den Leminger

Höhe genannten Hügel herum. Danach gehen wir weiter über freies Feld am Hang entlang, bis wir beim ersten Bauernhof von **Leming** auf ein schmales Teersträßchen treffen, dem wir nach rechts bergab durch den kleinen Ort folgen. Wir verlassen ihn bergwärts auf der gegenüberliegenden Seite und überschreiten auch noch die nächste kleine Hügelkuppe. Vor uns im Tal sehen wir nun ein kleines Uferwäldchen und die Heuwiesen, die den idyllischen Talgrund des Haselbaches ausfüllen. Wir gehen geradeaus an einer kleinen Baumgruppe vorbei auf das Uferwäldchen zu, welches wir wenige Meter links von einer Scheune auf einem Waldweg betreten. Der Weg führt uns auf der anderen Seite wieder hinaus und von dort gehen wir ohne Hemmungen direkt durch die Wiese auf das kleine Holzbrücklein zu, das nahe einiger Schwarzerlen über den Haselbach führt. Danach beginnt, zunächst noch über die Wiese, dann aber auf angenehmen Waldwegen, ein moderater Anstieg auf den Brünst genannten, langgezogenen Höhenrücken. Ohne nennenswerte Richtungswechsel halten wir uns fortan immer auf der Höhe. Aus dem Wald heraustretend kommen wir schließlich über freies Feld an einigen Bauernhöfen und an einem großen Wegkreuz vorbei, das von einigen zum Gedächtnis aufgestellten Totenbrettern umrahmt ist. Halbrechts voraus sehen wir – nicht zum ersten Mal an diesem Tag – die zweigipflige Silhouette des breit hingelagerten Hohen Bogen. Diesen Bergrücken werden wir am nächsten Morgen auf 950 m Höhe bei der Hohenbogener Diensthütte überschreiten. Wo das Teersträßchen in Richtung **Neukirchen beim Hl. Blut** beginnt, sich ins Tal abzusenken, biegen wir bei einem Bildstock scharf links auf den von der Wallfahrtskirche Hl. Blut heraufkommenden Kreuzweg ein. Vorbei an

Pilger auf dem Weg über die Brünst

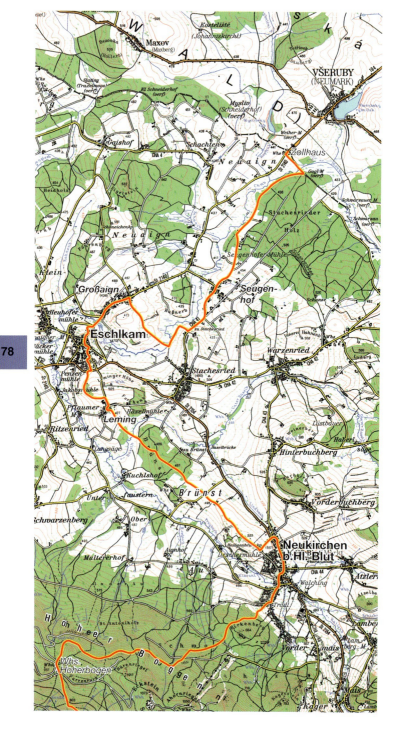

Die Wallfahrtskirche Neukirchen beim Hl. Blut

der Kapelle zum hl. Brunn (um 1700, Stiftung einer wunderbar Geheilten) erreichen wir unser Tagesziel direkt beim Eingang in den Friedhof, der die Kirche umgibt. Diejenigen, die sich im „Grenzüberschreitenden Wallfahrts- und Begegnungszentrum" für die Übernachtung angemeldet haben, gehen halblinks durch den Friedhof. Sie finden den Eingang gleich rechts hinter dem Torbogen in einem kleinen Hof.

Eschlkam: Als eine der ältesten Siedlungen im Grenzgebiet schon um 1240 als herzoglich-bayerischer Amtssitz dokumentiert, zwischen Böhmen und Bayern umkämpft, in den Hussitenkriegen und im 30-jährigen Krieg zerstört, wurde es als wichtiger Stützpunkt an der Grenze zu Böhmen immer wieder aufgebaut.

Die dem hl. Jakobus d. Ä. geweihte Kirche – als Mittelpunkt des Marktes in der ehemaligen Kirchenburg gelegen – erlitt dasselbe Schicksal. Immer wieder verändert bis in die jüngere Zeit ist sie heute charakterisiert durch eine neoromanische In-

Der hl. Jakob von Eschlkam

nenausstattung und eine spätnazarenische Ausmalung. In der Mittelnische des Hochaltars steht die Figur des Kirchenpatrons Jakobus d. Ä. Als einzige Figur aus dem Mittelalter ist ein mit allen seinen Attributen ausgestatteter Jakobus über dem Taufbecken übrig geblieben. Eines der durch die Firma Schneider aus Regensburg am Ende des 19. Jh. gestalteten Kirchenfenster zeigt ebenfalls den hl. Jakobus.

Neukirchen beim Hl. Blut: Neukirchen ist ebenfalls eine herzoglich-bayerische Gründung des 14. Jh., gelegen an der alten Handelsstraße nach Prag. Die mehrfach veränderte Kirchenburg mit Kirche, Friedhof und Pflegschloss befand sich am Marktplatz. Dort befinden sich heute das sehenswerte Wallfahrtsmuseum mit vielen Devotionalien aus der Wallfahrtskirche sowie das Tourismusbüro. Das Wallfahrtszentrum mit Franziskanerkloster entwickelte sich im nördlichen Bereich der Hauptstraße.

Neukirchen beim Hl. Blut

Die Wallfahrt entstand um 1400 als Hostienwallfahrt. Durch die Aufstellung einer aus derselben Zeit stammenden Mariendarstellung aus Böhmen vom Typus „Schöne Madonna" – des jetzigen Gnadenbildes – trat die Hostien- hinter der Marienverehrung zurück.

Beide Ereignisse gehen in der Legende ineinander über: Eine auf einem Baumstumpf gefundene Hostie gab den Anlass zum Bau einer Kapelle. Um 1419 rettete die böhmische Bäuerin Susanna Halada hierher eine Madonnenfigur vor den Hussiten. Um 1450 entdeckte einer ihrer Anführer mit Namen Krcma diese Figur auf einem Patrouillenritt über die bayerische Grenze. Zunächst versuchte er, sie in einen nahegelegenen Brunnen zu werfen. Als jedoch die Statue dreimal an ihren Platz zurückkehrte, zog er sein Schwert und spaltete ihr das Haupt. Da floss frisches Blut aus der Wunde. Erschrocken versuchte er zu fliehen. Da weigerte sich sein Pferd, sich von der Stelle zu bewegen, worauf er ihm in seiner Panik die Hufeisen abriss. Als auch dann das Pferd nicht weiterging, bereute er seine Tat und bekehrte sich. Er soll noch oft als Wallfahrer nach Neukirchen zurückgekommen sein. Die Wallfahrt nach Neukirchen erfreut sich seit der Mitte des 15. Jh. bis in unsere Tage einer großen und ungebrochenen Bedeutung. Die Wallfahrer kommen nicht nur aus dem ganzen Umland bis zur Donau, sondern auch aus dem auf tschechischer Seite liegenden Chodenland um Domažlice (Taus).

Das Langhaus der Wallfahrtskirche wurde um 1610 neu errichtet. Um 1660, bei der Einrichtung des Franziskanerklosters, wurde eine liturgiegeschichtlich ungewöhnliche Baulösung verwirklicht: Die Ostwand der Kirche wurde aufgebrochen und hinter dem Hochaltar, dessen Rückseite ebenfalls als Altar gestaltet wurde, eine weitere Saalkirche für die Franziskaner angebaut. Die opulenten Altäre sowie die übrige Ausstattung der Wallfahrtskirche wurden um 1750 eingefügt. Im Mittelfeld des Hochaltares steht das Gnadenbild in wechselnden Festgewändern; das kostbarste aus gelbem Samt mit Blumenstickerei und Adelswappen soll angeblich im 18. Jh. aus dem Hochzeitskleid einer böhmischen Prinzessin gefertigt worden sein. Bemerkenswert ist eine barocke Figurengruppe nach gotischem Vorbild: die Schwarze Madonna und der Hussit, der ihr den Kopf spaltet. Beeindruckend ist die im nördlichen Querarm aufgestellte Sammlung von Votivkerzen, deren schwerste 103 Kilogramm wiegt. Trotz zahlreicher legaler und illegaler Abgänge haben sich einige Votivtafeln erhalten: Die interessanteste zeigt die vier Hufeisen, die der feindliche Hussit angeblich seinem Pferd abgerissen hat.

Die Schwarze „Hussiten"-Madonna vom Hl. Blut

Neukirchen b. Hl. Blut – Bad Kötzting   18,3 km

Der Hohe Bogen ist ein mit dunklen Nadelwäldern bestandener, breit hingelagerter Bergrücken der Böhmerwald-Kette. Noch stehen auf seinem höchsten Punkt (1079 m) die Radartürme und Horchanlagen aus der Zeit des Kalten Krieges. Doch sind sie bereits außer Betrieb und die Diskussion über ihre zukünftige Verwendung hat begonnen. Hoffentlich verschwinden sie bald ganz und der ursprüngliche Zustand wird wiederhergestellt. Der Hohe Bogen wäre nur weiträumig zu umgehen. Deshalb werden wir ihn der Einfachheit halber überschreiten, auch wenn wir dabei eine Höhendifferenz von etwa 450 m in Auf- und Abstieg überwinden müssen. Es lassen sich eben nicht alle Steigungen vermeiden, wenn man ein Mittelgebirge wie den Bayerischen Wald durchqueren will. Glücklicherweise ist der heutige Anstieg von mäßiger Steilheit und liegt im Schatten. Nach dem Abstieg ins Tal des Weißen Regens folgen wir für den Rest des Tages dem Lauf des Flusses bis nach Bad Kötzting.

Vom Wallfahrtszentrum am nördlichen Ortsrand aus gehen wir zuerst entlang der Hauptstraße in Richtung Ortsmitte. Direkt am Marktplatz zweigt von der Hauptstraße eine Seitenstraße nach rechts ab. Wir folgen dieser Straße bergab, überqueren den Freybach und beginnen nach der Brücke den Aufstieg zur Diensthütte Hohenbogen. Dabei geht es zunächst noch durch ein Wohngebiet. Beim letzten Haus am Waldrand endet die Teerstraße und es beginnt eine Abfolge von schattigen Wald- und Forstwegen, die uns meist rechtsweisend in schrägem Anstieg auf der Nordseite des Hohen Bogens gleichmäßig an Höhe gewinnen lässt. Im unteren Teil des Weges queren wir die geteerte Zufahrtsstraße zur Talstation der Sommerrodelbahn. Danach passieren wir eine Reihe von Totenbrettern, die dort der Bayerische Wald-Verein (BWV) zum Gedenken an verstorbene Mitglieder aufgestellt hat. Bereits im oberen Teil des Weges kommt man an einem kleinen Wasserreservoir mit behelmtem Lüftungsrohr vorbei. Kurz danach sieht man rechts des Pfades eine Fichte, an der offenbar schon vor langer Zeit ein Holzkasten mit einem gläsernen Frontfenster angebracht wurde. Bei näherer Untersuchung des schon etwas ramponierten Kastens mit seiner fast blinden Glasscheibe stellte sich heraus, dass dieser Kasten eine hölzerne Figur des hl. Jakobus birgt. Worauf eine Regensburger Jakobspilgerin diese Statue sofort als den „hl. Jakobus im Starenkasten" apostrophierte. Bald danach öffnet sich rechts am Hang eine Lichtung, die einen weiten Tiefblick auf das Land um Eschlkam und Neukirchen sowie die umliegenden Berge gestattet. Unter dem Bärenriegel mündet der alte Waldweg schließlich in eine gut ausgebaute Forststraße. Hier wurde ein hölzerner Unterstand errichtet – und was fast noch wichtiger ist: aus einem Brunnenrohr fließt kühles, trinkbares Wasser in einen steinernen Trog. Mit geringer Steigung windet sich die Forststraße gemächlich weiter den Hang entlang. Wir folgen ihr, bis wir auf dem Sattel inmitten alter Bäume die **Hohenbogener Diensthütte** erreichen. Da sie von Rimbach aus auch mit dem Auto erreichbar ist, ist es möglich, dass man sich an schönen Wochenenden plötzlich unter zahlreichen Ausflüglern wiederfindet. In so einem Fall taucht man am besten bald wieder in den Wald ein. Also überqueren wir den Sattel und folgen der Teerstraße ein kurzes Stück bergab zum Parkplatz. Rechts davon setzt die Route hinunter nach **Watzlsteg** an. Der Abstieg verläuft

Der hl. Jakobus im Starenkasten

zumeist auf einsamen, alten Waldwegen durch schöne Mischwälder. Da er direkter und steiler ist, ist man froh, dass man ihn nicht im Aufstieg begehen muss. 50 m links neben der Stelle, an der man eine Forststraße quert, steht eine weitere Diensthütte. Leider ist der Brunnen davor bereits versiegt. Von nun an geht es schnurstracks in einem feuchten Graben entlang des Erlbachs hinunter zum Waldrand und immer weiter, rechts vorbei am Weiler **Unterzettling**, bis in den Talgrund. Dort unterqueren wir zuerst die Staatsstraße durch eine Unterführung und gleich dahinter gehen wir über die Holzbrücke, die den Weißen Regen überspannt. Unmittelbar danach wenden wir uns nach rechts und folgen an der Bahnstation vorbei der Teerstraße nach **Grafenwiesen**. Nach Erreichen des Rathausplatzes biegen wir nach rechts in die Perlinger Straße ein, folgen aber sofort dem Zittenhofer Weg hinunter zum Weißen Regen, den wir beim „Forellenstüberl" über eine kleine Insel überschreiten. Von da an führt uns die nur noch wenig befahrene Teerstraße immer links am Talhang entlang durch Zittenhof hindurch. Wo sich die Straße bei Feßmannsdorf aus dem Tal nach rechts den Hügel hinaufwindet, biegen wir direkt nach einem Haus zuerst scharf nach links ab, um gleich darauf nach rechts einen Fußweg durch die Wiesen am Fluss einzuschlagen. Vorbei an einem Wegkreuz, folgen wir nun dem Fluss immer auf der orografisch rechten Seite bis hinein nach **Bad Kötzting**. Teilweise ist der verbliebene Raum zwischen Hochufer und Fluss fast zu schmal, um auch noch den Fußweg aufzunehmen. Wir umgehen einen Reiterhof samt Pferdekoppel auf schmalem Weg an der Flussseite und erreichen schließlich das Stadtgebiet in der Nähe des Campingplatzes.

Nun ist es nicht mehr weit bis zu unserem Tagesziel, dem Zentrum der Stadt, welches wir über den Volksfestplatz und die Jahnstraße erreichen. Abschließend müssen wir nur noch die Treppe vom Ufer des Regenflusses hinauf zur Kirchenburg mit der Stadtpfarrkirche erklimmen.

Bad Kötzting: Die Kötztinger Kirchenburg auf dem vom Regen umflossenen Hügelsporn ist beispielhaft für die Grenzbefestigungen dieser Gegend. Sie besteht aus dem befestigten Friedhof, Wehrwohnbauten und der zentral gelegenen Kirche. Die Ansicht von Südosten ist noch heute eindrucksvoll. Bad Kötzting war ursprünglich Grundbesitz des Klosters Rott am Inn, dann Stützpunkt der Markgrafschaft Cham und fiel schließlich 1204 an die Wittelsbacher. Schon früh mit Marktgerechtigkeit ausgestattet, war es für viele Jahrhunderte Standort eines Land- und Pfleggerichts. 1953 wurde es zur Stadt erhoben und war bis 1972 niederbayerische Kreisstadt.

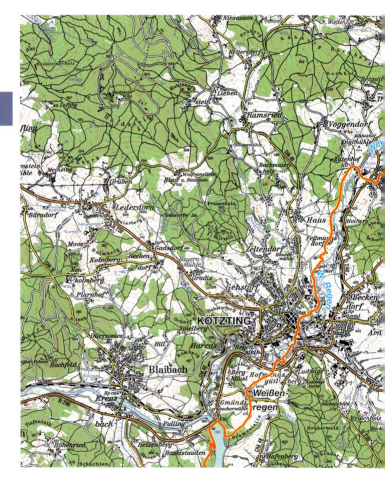

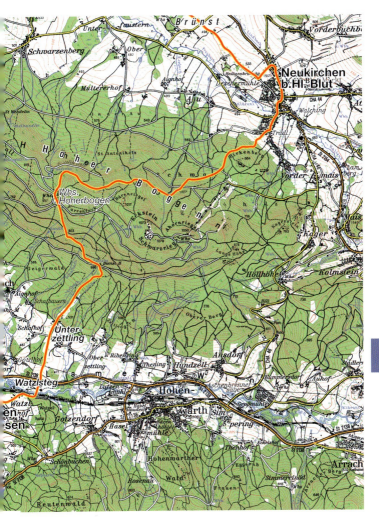

Im Laufe seiner Geschichte wurde es immer wieder durch Brände und Kriege schwer verwüstet, besonders in den Hussitenkriegen, im 30-jährigen Krieg und in der ersten Hälfte des 18. Jh. Die Stadtpfarrkirche Mariä Himmelfahrt erlebte die sie formenden Umbauten in der Mitte des 18. Jh. Die qualitätvolle Innenausstattung aus der gleichen Zeit geht u. a. zurück auf den Landshuter Christian Jorhan d. Ä. und den Kötztinger Johannes Paul Hager. Als eine der ältesten Bittprozessionen zu Pferde ist der sog. Kötztinger Pfingstritt zur St.-Nikolaus-Kirche von Steinbühl seit 1412 nachweisbar. Seit 2004 wird dabei mit Zustimmung des Bischofs von Regensburg wieder die Eucharistie mitgetragen, d. h. eine bereits zur folkloristischen Attraktion herabgesunkene Tradition wurde wieder auf ihren religiösen Kern zurückgeführt.

Bad Kötzting – Stallwang 29,9 kr

So ist der Vordere Bayerische Wald: rundrückige, baumbestandene Berg- und Hügelkuppen, dazwischen tiefe Trogtäler; immer wieder Einödhöfe und kleine Weiler inmitten von Rodungsinseln. Diese ziemlich anspruchsvolle, aber nie langweilige Strecke führt uns durch Felder, Wiesen und Wälder, wobei sich urwüchsige Waldstrecken mit wenig befahrenen Teerstraßen abwechseln und sich immer wieder überraschende und schöne Ausblicke bieten. Auf dem Programm stehen heute insbesondere der Pfahl, eine geologische Besonderheit, Denkzell, ein relativ unberührtes Waldlerdorf, das 1995 als schönstes Dorf Deutschlands ausgezeichnet wurde, und das aus Hof und Kirche bestehende Ensemble des Gallnerhofes unter dem Gipfel des Gallnerberges.

Wir starten zu dieser Etappe vor dem Eingang zur ehemaligen Kirchenburg. Es geht links hinunter zur Ludwigsstraße und weiter unter der Eisenbahnlinie hindurch. Dann durchqueren wir den Kurpark in Richtung auf die schon von weitem sichtbare Wallfahrtskirche von **Weißenregen**. Hierzu gehen wir auf dem Hochwasserschutzdamm des Weißen Regens bis zu einer Fußgängerbrücke, die wir nach links überschreiten. Wir durchqueren das Wohngebiet Am Roten Steg und wenden uns bergwärts.

Die Kirchenburg von Bad Kötzting

Die Wallfahrtskirche Weißenregen

Nach Unterquerung der frequentierten Staatsstraße befinden wir uns auf dem ziemlich steilen Kreuzweg hinauf zur **Wallfahrtskirche Mariä Himmelfahrt** von Weißenregen, die weithin sichtbar auf der Anhöhe thront. Von der Kirche aus gehen wir hinunter in den Ort **Weißenregen**. Wir halten uns links aufwärts. Am Ortsende biegen wir bei einem Bauernhof rechts in einen Feldweg ein, umschreiten die Hügelkuppe und wenden uns talwärts auf den Waldrand zu. Dort beginnt ein kurzer Abstieg durch den Wald, der uns hinunter zum Ufer des **Blaibacher Stausees** bringt. Wir verfolgen das Ufersträßchen nach rechts, um das Nordende des Sees auf der Staumauer umrunden zu können. Am gegenüberliegenden Ende überqueren wir den Parkplatz bis zum Kiosk an der Einfahrt. Dort gehen wir linker Hand in den Wald und folgen dem Ufer des aufgestauten Flusses Schwarzer Regen wieder ein Stück nach Süden, bis wir in zwei kurzen Serpentinen hinauf zur ehemaligen Trasse der Eisenbahn gelangen können. Diese Trasse bildet jetzt ein Teilstück des beliebten Regental-Radweges. Wir begehen diesen Radweg für mehrere Kilometer in südlicher Richtung, bis wir linker Hand auf eine große Informationstafel und rechter Hand auf ein Haus stoßen, vor dem wir scharf nach rechts auf ein Sträßchen abbiegen, das uns den Berg hinauf zu einer Straßenkreuzung und darüber hinweg durch ein Waldgebiet zu dem kleinen Örtchen **Heitzelsberg** bringt. Insgesamt haben wir dabei vom Seeufer aus gerechnet wieder etwa 200 m an Höhe gewonnen. Hinter Heitzelsberg gehen wir über freies Feld ziemlich eben an den Einöden Rabenhof und Holzhof vorbei weiter nach **Voggenzell**. Wir umrunden die Kuppe des Hochberges auf seiner rechten Flanke, treten in den Wald ein und überschreiten den Kugelbach sowie das ihn begleitende Sträßchen. Es geht geradeaus weiter bald durch Wald, bald über offenes Gelände, bis sich plötzlich vor uns abrupt ein nicht allzu hoher, steiler Kamm aufbaut. Oben angekommen, stellen wir fest, dass wir soeben den Pfahl bestiegen haben, eines der auffälligsten geologischen Objekte in Bayern.

Von unserem Standort aus könnte der etwa 700 m lange Kreuzweg linker Hand leicht begangen werden.

Wie aus dem Boden herausgewachsen sehen wir nun bereits direkt vor uns die obere Hälfte des barocken Kirchturms der **Moosbacher Pfarrkirche** in den Himmel ragen. Geht man

Der Pfahl

Der Pfahl ist ein riffartiger, geradliniger Quarzgang, der sich auf etwa 150 km Länge durch das ostbayerische Grundgebirge zieht. Gerade unser Teilstück wurde bereits 1939 als Moosbacher Pfahl unter Naturschutz gestellt. Als Ausdruck kollektiver Volksfrömmigkeit wurden ab 1852 entlang des Grates 14 Kreuzwegstationen und an einer besonders dominanten Stelle eine Kalvariengruppe mit teils lebensgroßen Figuren aufgestellt.

auf angenehmem Feldweg die Hügelkuppe hinunter, so trifft man auf den Eingang zu Friedhof und Kirche. Weiter talwärts stoßen wir beim neu gestalteten Johannesbrunnen auf die Dorfstraße, der wir schräg abwärts folgen. Dann nehmen wir die sich rasch absenkende Abzweigung nach links, die uns weiter zügig bergab aus dem Ort hinaus und durch das Tal des Sandbaches bringt.

Beim Gegenanstieg stoßen wir auf halber Höhe auf den Weiler **Pareszell**. Noch vor den ersten Wirtschaftsgebäuden biegen wir nach rechts in einen Feldweg ein. Zunächst gehen wir schräg den Hang entlang und dann bei einer Buschgruppe nach links direkt und steiler hinauf in den Wald. Auf einsamen und fast zugewachsenen Waldwegen folgen wir dem Hügelrücken. Wir müssen nur darauf achten,

Moosbach am Pfahl

Die Kirche von Konzell

nach einem kurzen Flachstück die nach rechts steil ins Tal hinabführenden Wegspuren nicht zu verpassen, die uns unten wieder aus dem Wald hinaus und auf einen Feldweg bringen. Wir folgen diesem Weg nach links, bis wir das Fahrsträßchen erreichen, das nach rechts den Hügel hinauf, am Weiler **Schergengrub** vorbei, der Ortsverbindungsstraße bei Kellburg zustrebt. Wir folgen dieser Straße an der Kreuzung nach links, verlassen sie aber bald auf der Höhe, um halbrechts den Anstieg zum **Alten Schloss** über **Neurandsberg** in Angriff zu nehmen. Von dessen Kirchlein führt uns der Weg auf der Fahrstraße zuerst hinunter ins Tal und dann auf der anderen Seite hinauf nach **Rattenberg**. Wir gehen geradewegs an der Kirche vorbei durch den Ort, in einer Serpentine hinunter zum Klinglbach und überschreiten diesen bei der Perlbachmühle (heute ein Gasthaus mit angeschlossenem Bettenlager und Campingplatz). An den Koppeln des benachbarten Reiterhofes vorbei wandern wir gemächlich bergauf, bis wir den Wald erreichen und geradeaus einen steileren Anstieg bis auf eine Höhe von 580 m hinter uns bringen müssen. Anschließend geht es wieder hinab nach **Streifenau**. Wir umgehen ein Betriebsgelände auf der Straße, halten uns dann aber immer links von ihr. Nach einem Wohngebiet gelangen wir schließlich in den innerörtlichen Bereich von **Konzell**. Konzell wäre auch ein geeigneter Ort, um die Etappe dieses Tages zu beenden. Unser Weg führt uns stetig bergauf, an der Kirche St. Martin und am Rathaus vorbei, durch den Ort bis an seinen südwestlichen Rand, wo wir auf eine Umgehungsstraße stoßen. Wir folgen ihr nach rechts bis zum Beginn einer Kurve, biegen dann aber dort nach links in das Sträßchen ein, welches uns nach **Denkzell** bringt. Beim ersten Bauernhof steht rechts in einem kleinen Wäldchen die Kapelle von Denkzell mit einer größeren Sammlung von Totenbrettern. Wer will, biegt von der Durchgangsstraße nach

Totenbretter

Totenbretter waren Bestandteil des süddeutsch / alpinen Bestattungsbrauchtums, das sich im Bayerischen und Oberpfälzer Wald als seinem letzten Rückzugsgebiet bis in die frühen 50-iger Jahre des 20. Jh. erhalten hat. Totenbretter wurden anstelle eines Sarges als Aufbahrbrett für einen Verstorbenen verwendet, bis dieser in ein Leichenhaus überführt oder begraben werden konnte.

Aus Pietät wurden diese Bretter mit drei Kreuzen markiert bzw. durch darauf spezialisierte Schreiner weiter ausgeschmückt, mit naiven, gelegentlich auch unfreiwillig komischen Sinnsprüchen versehen und an öffentlich zugänglichen Wegen oder Gebäuden angebracht, bis sie vergangen waren. Denn mancherorts glaubte man, die arme Seele des Verstorbenen würde erst dann aus dem Fegefeuer entlassen, wenn das Brett vollständig zerfallen sei.

Neuerdings wird dieser Brauch in veränderter Form wieder aufgenommen. Heute sind es jedoch Gedenkbretter und keine Totenbretter im eigentlichen Sinn, die der aufmerksame Wanderer vereinzelt oder in Gruppen zumeist auf Friedhöfen, an Wanderwegen oder auch an Häusern finden kann. Echte Totenbretter an ihren ursprünglichen Standorten gibt es naturgemäß nur noch selten. Manche dieser Zeugnisse der Volksfrömmigkeit wurden unter Dach, z. B. in Kapellen, geborgen oder wanderten in Museen ab. Totenbretter erkennt man häufig an einer standardisierten Eingangsformel, etwa „Auf diesem Brett hat geruht der (die) ehrengeachtete (tugendsame) ...." oder „Ruhebrett für ....". Der Text eines echten Totenbrettes aus Prinzing bei Cham sei wegen seiner schlichten, anrührenden Worte hier zitiert: „Auf diesen Brett hat geruht die tugensame Theresia Feldbauerin Bäuerin von Prinzing gestorben den 5. März 1864 Abens 2 Uhr von Einen Alter 51 Jahr Wanderr halt ein wenig stiel bet mier einn Vat Unser ist nicht viel Herr gib ihr die ewige Ruh."

links in die alte Dorfstraße ein, um sich an diesem einmaligen Dorfensemble mit seiner Überfülle an Blumen in den Haus- und Bauerngärten zu erfreuen. Zurück an der Durchgangsstraße übersteigen wir eine kleine Anhöhe und konzentrieren uns nun darauf, die Abzweigung nach halblinks in einen Feldweg vor einer großen Eiche am linken Straßenrand nicht zu verfehlen. Während die Autostraße in das Tal hinunterzieht, versuchen wir, unsere ursprüngliche Höhe zu halten. Durch Wiese und Wald geht unser Weg in einem deutlichen Bogen um das Tal herum, sodann links am höchsten Punkt der Kuhleite vorbei und hinunter nach **Forsting**. Diese Ansammlung einiger weniger Bauernhäuser wird nur an ihrem südwestlichen Rand berührt. Wir machen uns vielmehr sofort links abbiegend auf dem Fahrsträßchen an den leichten Anstieg zum **Gallnerhof**, einer der vielen Einödsiedlungen dieser Gegend mit prächtiger Fernsicht über die Berge des Vorwaldes. Nach dem Besuch des Gallnerkirchleins (Schlüssel zur Kirche bei den freundlichen Bewohnern des Gallnerhofes erhältlich) gehen wir auf der Fahrstraße stetig bergab in Richtung Süden. Unser Tagesziel Stallwang liegt ungefähr 300 m tiefer. Wir dürfen uns jedoch nicht vom „Sog" der Straße beeindrucken lassen, sondern müssen darauf achten, den Abstieg gegenüber einem Steinkreuz nach rechts über die Straßenböschung hinunter in den Wald nicht zu verfehlen. Weiter geht es durch schönen Mischwald schräg bergab. Am Waldrand bei den ersten Häusern von **Oberweinberg** macht unser Weg einen scharfen Knick. Wir folgen ihm fast in der Gegenrichtung hinunter zur Einöde **Stubenhof**, wo wir die Fahrstraße erreichen, die uns endlich nach **Stallwang** bringt.

Weißenregen: Die Wallfahrtskirche wurde um 1750 neu erbaut. Das Gnadenbild, eine thronende Muttergottes aus dem 14. Jh., überstand angeblich einen calvinistischen Bildersturm und einen Brand. Weithin berühmt ist die detailreiche „Fischerkanzel" des Kötztingers Johannes Paul Hager von 1758. Die Kirche wird meist um 9 Uhr früh geöffnet.

Moosbach: Bereits 1326 wird Moosbach als Pfarrei urkundlich erwähnt. Die Ausstattung der insgesamt von der Spätgotik geprägten Kirche St. Johannes, darunter mehrere gotische Heiligenfiguren, wurde zum Ende des 17. Jh. barockisiert. Auffällig ist die Figur eines hl. Jakobus an der südlichen Lang-

Die „Fischerkanzel" von Weißenregen

hauswand. Trotz seines etwas elegischen Gestus ist er durch Pilgerstab und Muschel eindeutig als Pilgerheiliger charakterisiert. Eine besondere Kostbarkeit der Kirche ist ein seltener Hinterglaskreuzweg aus der so genannten Neukirchener Schule, gemalt 1795 durch Josef Mathias Wittmann.

Neurandsberg: Die um 1330 errichtete Höhenburg war ab dem 16. Jh. Gefängnis, bis sie 1633 durch die Schweden zerstört wurde. Beträchtliche Mauerreste haben sich bis heute erhalten. Das Wallfahrtskirchlein Mariä Geburt (Gitter am Eingang normalerweise verschlossen) wurde um 1700 errichtet. Der Hochaltar birgt das Gnadenbild, eine sitzende Muttergottes von 1460. Es haben sich zahlreiche Votivtafeln und -gaben aus den letzten drei Jahrhunderten erhalten.

Rattenberg: Diese Gemeinde wurde dadurch bekannt, dass es ihr gelang, ihre bei der Gebietsreform 1978 verlorene Selbstständigkeit als Gemeinde 1994 wiederzugewinnen. An der Ostseite des Turmes

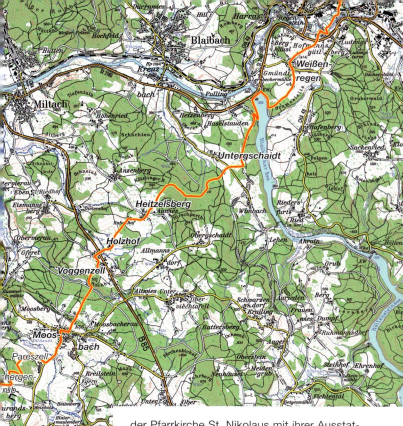

der Pfarrkirche St. Nikolaus mit ihrer Ausstattung im Stile einer ausgeprägten „Schreinergotik" findet sich ein Steinrelief aus dem 12. oder 13. Jh., welches als „Trutzkopf von Rattenberg" bekannt ist – vielleicht ein frühes Zeugnis für die Hartnäckigkeit und das Standvermögen der Bewohner dieser Gegend.

Gallnerhof: Etwas unterhalb des Gallnerhofes am Westhang des Gallnerberges liegt das jüngst vorzüglich restaurierte und wohl gehaltene Gallnerkirchlein. Es ist eine kleine, spätgotische Anlage vom Ende des 15. Jh. mit sparsamen Veränderungen der Barockzeit. Einzig der Hochaltar ist übrig geblieben. Auf ihm steht die Figur des Kirchenpatrons, des hl. Sixtus. Die Kirche wurde durch die Säkularisation profaniert und mit der Auflage, einen Schafstall daraus zu machen, an den Gallnerbauern verkauft. Die Bevölkerung der Umgebung fand sich jedoch nicht damit ab und erreichte nach 40 Jahren die Rekonsekration als Gotteshaus.

Die Legende vom Gallnerkirchlein

Die wechselvolle Geschichte des Gallnerkirchleins verdichtet sich in einer schönen Legende: Einst war das Gallnerkirchlein so heruntergekommen, dass es als Schafstall verwendet wurde. Beim Eintreiben der Schafe hörte der fromme Hirtenknabe, der die Zweckentfremdung sehr bedauerte, von der Stelle, an der einst der Hochaltar gestanden hatte, eine Stimme: „Geh nach Rom, geh nach Rom". Der Knabe verließ den Gallnerbauern und pilgerte nach Rom. Dort sah ihn ein Mönch in einer der großen Kirchen so andächtig beten, dass er ihn mitnahm und zum Priester ausbilden ließ. Aus dem ehemaligen Hirtenknaben wurde schließlich ein Kardinal und am Ende gar ein Papst mit Namen Sixtus. Da erging eine Anfrage aus Rom an den Bischof von Regensburg, wie es denn um das Kirchlein am Gallner stünde. Es wurde umgehend wiederhergestellt und nach dem Tode des Papstes Sixtus wurde er dessen Schutzheiliger. Andere sagen, der nachmalige Papst Sixtus hätte in seiner Jugendzeit auf dem Gallner mit dem Hammer ein Zeichen in den Fels geschlagen, nach welchem er suchen ließ, als er Papst geworden war.

Stallwang: Der Ort war wichtige Poststation an der uralten Handelsstraße von Straubing nach Böhmen, dem früheren Baier-Weg. Die auf einem ehemaligen Burghügel inmitten eines ummauerten Friedhofs thronende Pfarrkirche St. Michael wurde im 30-jährigen Krieg zerstört und erhielt danach ihre barocke Form samt ihrer durch Straubinger Künstler im Stil des Rokoko angefertigten prachtvollen Altäre. Der traditionsreiche Gasthof „Zur Post" ist gegenwärtig die einzige direkt am Weg gelegene Übernachtungsmöglichkeit, was man bei der Quartiersuche berücksichtigen sollte.

Der Gallnerhof

Stallwang – Wörth an der Donau 27,3 km

Das Wallfahrtskirchlein auf dem Pilgramsberg ist ein beliebtes Wallfahrtsziel. Nach Umrundung der Friedhofsmauer hat man einen großartigen Blick über die Vorberge des Bayerischen Waldes hinweg und hinaus auf die Donauebene, an klaren Tagen sogar bis zu den Alpen. Mitten in der Ebene kann man die Stadt Straubing mit dem hochragenden Turm der Stadtpfarrkirche St. Jakob erkennen. Nach Überschreiten des Pilgramsberges nehmen die Höhenunterschiede ab, aber die Strecke bleibt abwechslungsreich. Wir gehen durch Felder, Wiesen und Wälder, manchmal auf wenig befahrenen Teersträßchen. Im zweiten Abschnitt nähern wir uns durch schöne Mischwälder und Bachtäler endlich der Donauebene.

Wir verlassen **Stallwang** auf der Straße in Richtung Nordwesten. Zuerst hören wir sie nur, aber bald sehen wir sie auch, die Bundesstraße B 20, die hier hoch über dem Ortsteil Rißmühl und über unseren Köpfen die Talsenkung überquert. Gleich nach der Unterführung nehmen wir den am Straßendamm entlang nach links aufwärts führenden Feldweg, biegen aber bald nach rechts ein, wo uns wieder der Wald aufnimmt und wir das Rauschen des Verkehrs hinter uns lassen können. Durch kleinere Forste und dazwischen eingestreute Rodungsinseln geht es nun abwechslungsreich weiter, immer wieder vorbei an Einöden und kleinen Weilern. Hinter **Pfahlhaus** beschreibt das Teersträßchen einen Bogen nach rechts. Bald treffen wir links auf einen kleinen Weiher und rechter Hand auf einen Bauernhof. Unser Weg führt von der Straße ab mitten durch diesen Hof hindurch und über den Hügel hinauf, wobei mit zunehmender Höhe die barocke Zwiebel des Turms der Pfarrkirche St. Martin in **Haunkenzell** in unser Blickfeld gerät. Im Innern der Kirche befindet sich an der Langhausnordwand eine beachtenswerte gotische Schnitzfigur der Schmerzensmutter. Vorbei am Gasthof-Pension „Silbersterne" und am Schloss der ehemaligen Hofmarksherren, dem Rest einer im 16.–18. Jh. ausgebauten Vierflügelanlage, das aber jetzt einen ruinösen Anblick bietet, nehmen wir auf der bergwärts führenden Straße den ziemlich schweißtreibenden Anstieg (ca. 200 Hm) auf den **Pilgramsberg** (619 m) in Angriff. Hinter der zweiten Kurve gehen wir rechter Hand über die Straßenböschung hinauf und auf Gehspuren durch die Wiese bis zum Waldrand. Wir befinden uns auf dem Kreuzweg, der aus dem Ort heraus in gerader Linie und manchmal sehr steil hinauf zur Wallfahrtskirche auf dem Gipfel führt.

Vom Kirchenvorplatz führt unser Weg die Fahrstraße entlang wieder in den Wald hinein. In der Nähe eines Hauses biegen wir nach rechts auf einen Waldweg ein, queren einen alten, zugewachsenen Steinbruch und gehen immer weiter, bis wir wieder auf das Sträßchen kommen, das uns aus dem Wald herausbringt. Die aus dem Ort Pilgramsberg heraufkommende Ortsverbindungsstraße wird geradeaus überquert, dann steigen wir in das nächste Bachtal hinab. Was nun folgt, ist eine kurzweilige Abfolge von Bachtälern, Wäldern, Rodungsinseln und Einödhöfen. Schließlich macht unser Weg hinter **Kesselboden** auf der Höhe einen Knick nach links und verschwindet in dem großen Waldgebiet, das sich am ganzen nördlichen Talhang des Donautales entlang bis nach Regensburg zieht. Auf bequemen Waldwegen geht es ohne große Höhenunterschiede durch schöne Mischwälder und über sonnenüberflutete Lichtungen. Bevor man den kleinen Ort **Hauptenberg** erreicht, trifft man auf einen überdachten Rastplatz in der Nähe eines kleinen Aussichtsturmes. Aus Hauptenberg hinaus müssen wir die geteerte Straße nehmen. Wenn wir die nächsten Häuser erreichen, dort, wo die Straße sich nach rechts wendet, gehen wir schräg links bei einem Strommasten in den Wald. Wir kommen auf der anderen Seite bei der Ortsverbindungsstraße Kirchroth – Wiesenfelden heraus. Wir überqueren sie, um weiter auf der Straße **Schiederhof** mit seiner bekannten Ausflugsgaststätte anzusteuern. Wenn wir danach wieder in den Wald eintauchen, biegen wir bei erster Gelegenheit nach links in eine Forststraße ab. Mit regelmäßigem Gefälle geht es nun auf Forststraßen weiter bis nach **Hubmühle**. Dort überqueren wir rechter Hand den Bach, gehen zwischen den Gebäuden des Anwesens hindurch und steigen für eine Weile wieder den Gegenhang hinan. Wenn links ein kleiner Weiher auftaucht, gehen wir links um

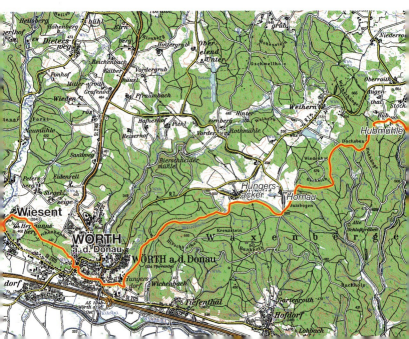

das Wässerchen herum und sodann weiter den Berg hinauf zu den Häusern der Kleinsiedlung Hub. Der Weg bringt uns weiter über die Hügelkuppe hinweg geradeaus zu einem kleinen Gehöft am Waldrand, welches wir zwischen Wohnhaus und Stallgebäude passieren. Dahinter senkt sich ein alter Forstweg in ein Bachtal ab. Von hier aus beginnen wir, uns über bewaldete Talhänge und Bachtäler der Donauebene zu nähern. Bei einigen hintereinander liegenden Fischteichen erreichen wir das Wellerbachtal. Wir folgen dem Bach zwischen steilen Talhängen hinaus in die Donauebene, die wir bei den ersten Häusern von **Hungersdorf**, einem Vorort von Wörth, erreichen. Weiter nach rechts auf der Ortsverbindungsstraße, den Burgberg von

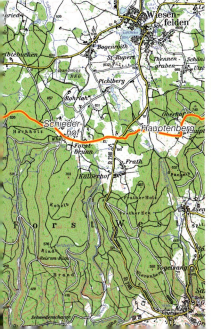

Wörth rechter Hand liegen lassend, kommen wir endlich in das Stadtzentrum in der Nähe der Pfarrkirche St. Petrus.

Pilgramsberg: Die Wallfahrtsstätte auf dem Pilgramsberg ist ein einzigartiges Ensemble in herausragender Lage, bestehend aus der Kirche im ummauerten Friedhof, dem Benefiziatenhaus und einer riesigen, weitausladenden Linde. Das uralte, an die Kirchhofmauer angebaute „Schulmaißter- oder Mößner-Haus" wurde 1970 leider abgebrochen. Die Kirche ist ein schlichter Barock-

Wegkreuz bei Pilgramsberg

bau von 1680, der teilweise auf spätgotischen Grundmauern steht. Geweiht ist sie der hl. Ursula, deren Schnitzfigur aus der zweiten Hälfte des 15. Jh. auf einer Konsole an der östlichen Wand des kurzen, nördlichen Querarms befestigt ist. Für die Ausstattung der Altäre wurden noch weitere qualitätvolle Werke des Vorgängerbaues mit verwendet. Die Wallfahrt zur hl. Ursula, belegt durch zahlreiche Votivtafeln und Hinterglasbilder aus dem 17. und 18. Jh., wurde im 19. Jh. durch eine Marienwallfahrt abgelöst, nachdem das Kirchlein der Säkularisation entgangen war und man eine Nachbildung der Altöttinger Muttergottes im Hochaltar aufgestellt hatte. Aufgrund zahlreicher Diebstähle (darunter sogar des Gnadenbildes!) ist das rückwärtige Gitter normalerweise geschlossen (Schlüssel im Benefiziatenhaus erhältlich). Das Gasthaus „Zur schönen Aussicht" – wo es auch einige Zimmer gibt – erreicht man durch einen kurzen Abstieg über die Treppe neben dem Benefiziatenhaus.

Wörth an der Donau: 1954 zur Stadt erhoben, wird dominiert durch das mitten im Ort auf einem Bergkegel thronende Schloss, im 16. Jh. zu einer befestigten Residenz im Stil der Renaissance ausgebaut. Es ist zum größten Teil sehr gut erhalten und dient jetzt als Seniorenheim. Die Herrschaft Wörth war seit dem hohen Mittelalter im Besitz des Hochstifts Regensburg. Zwischenzeitlich kam sie zu Pfalz-Neuburg und musste – *cuius regio cuius religio* – zum Protestantismus übertreten. Die Pfarrkirche St. Petrus ist im Kern spätgotisch mit späteren Umbauten.

Wörth a. d. Donau – Regensburg 28,8 km

Gleich als Erstes überschreiten wir heute mit der Lerchenhaube den Hausberg von Wörth. Danach nehmen die Höhenunterschiede endgültig ab. Hinter der Ortschaft Bach stoßen wir überraschenderweise plötzlich auf ein Schaubergwerk. Bereits vor 500 Jahren wurde hier Silber geschürft, danach „schönfärbige Steine" und bis in die Neuzeit hinein Fluorit. Danach durchqueren wir den 1813 als Jagdwald gegründeten „Thiergarten" der Fürsten von Thurn und Taxis. Obwohl immer auch forstwirtschaftlich genutzt, war die Jagd ein wichtiger Aspekt. So wurde den Tieren und der Natur hier besonders viel Platz eingeräumt, mit riesigen alten Bäumen, malerischen Lichtungen und Wiesen, Bächen und Teichen. Mit etwas Glück kann man z. B. freilaufende Wildschweine sehen. Das 2800 Hektar große Areal wurde so ursprünglich gehalten, dass angeblich sogar wieder Luchse zugewandert sind. Kurz vor Donaustauf kommen wir an der Walhalla vorbei. Danach macht sich die Nähe der Großstadt Regensburg bemerkbar: immer häufiger Teerstraße – wenn auch auf Nebenrouten oder auf Gehsteigen – und zunehmende Bebauung.

Wir beginnen unsere heutige Etappe hinter dem Chorhaupt der Pfarrkirche über eine kurze Treppe, queren die Straße nach Regensburg und steigen durch die gleichnamige Gasse in Richtung Lerchenhaube auf. Wo die Straße flach wird und die Bebauung auf der linken Straßenseite unterbrochen ist, biegt man sofort nach links in eine steile und ziemlich mit Gras überwachsene Treppenanlage ein und steigt an deren Ende über eine Wiese auf Gehspuren zu einer

Waldweg bei Hauptenberg

Kreuzigungsgruppe hinauf. Von hier hat man einen schönen Tiefblick auf Schloss und Stadt und hinaus auf die Donauebene. Nun geht es in einem kleinen Bogen nach rechts und dann wieder gerade durch den Wald. Wir passieren eine Richtfunkantenne und ein umzäuntes Grundstück, bleiben für eine Weile auf dem flachen Rücken der Lerchenhaube, bis sich der Waldweg absenkt und zuerst nach rechts und dann nach links aus dem Wald hinausführt. Auf einem Teersträßchen gehen wir nach links durch eine Streuobstwiese und nehmen die erste Gelegenheit wahr, rechts den Berg hinunter nach **Wiesent** zu kommen. Wir überqueren die Brücke über den Wildbach nach rechts in die Ortsmitte und gehen den langgestreckten Schlossflügel mit den runden Flankentürmen entlang, den die Grafen von Lintelo um 1700 erbauen ließen. Es geht zuerst rechts, dann links herum und wieder geradeaus durch das Wohngebiet. Wir gehen in westlicher Richtung schräg auf einen kleinen Bachlauf zu, den wir schließlich am Ortsrand erreichen. Ihm folgen wir bis nach **Ettersdorf**.

In der Ortsmitte nehmen wir die Straße nach links und überqueren beim Ortsschild einen kleinen Hügel. Danach sehen wir vor uns auf der Höhe den Lehmhof, den wir leider nach links umgehen müssen, wozu wir bis auf die Staatsstraße Wörth – Kruckenberg hinunter müssen. Auf dieser an sich nicht sehr stark frequentierten Straße ist wegen sich gelegentlich schnell nähernder Autos Vorsicht angebracht. Aber schon nach wenigen 100 m biegen wir bei einer kleinen Wegkapelle nach rechts in die Zufahrtsstraße zum Lehmhof ein. Halb am Hang wenden wir uns nach links in Richtung auf den Waldrand. Dort finden wir einige Fischteiche vor, die links umgangen werden. Anfangs noch über freies Feld leicht ansteigend durchqueren wir

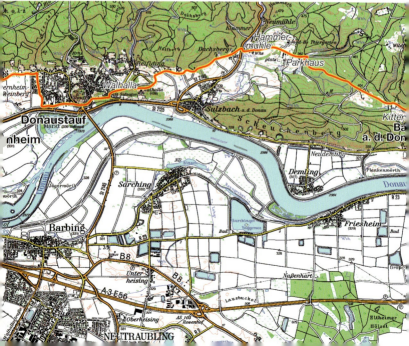

später auf bequemen Forstwegen den Bacher Forst. Nach Erreichen der ersten Häuser des Ortes **Bach** gehen wir einfach immer weiter in den Ort hinein. Wo die Straße auf eine größere Querstraße trifft, wenden wir uns scharf nach rechts und streben wieder dem Ortsrand zu. Im folgenden Bachtal beim Ortsteil Kittenrain halten wir uns immer auf der Talseite. Wir passieren den Eingang zum Schaubergwerk. Kurz darauf erreichen wir das Eingangstor zum „Fürstlichen Thiergarten". Aus Gründen des Naturschutzes durften hier keine Markierungen ausgebracht werden. Aber die Wegfindung auf den (fast zu) breiten Forststraßen ist einfach – wir gehen immer nach Westen. Dass wir uns dem Ausgang des Parks nähern, erkennen wir am wohlgepflegten Grün eines exklusiven Golfplatzes.

Gleich nach der beliebten Ausflugsgaststätte **Hammermühle** wenden wir uns bei einer Baumgruppe nach rechts, überqueren die nach Sulzbach hinausführende Autostraße und klettern vor Erreichen des Waldes nach links die Straßenböschung hinauf. Von jetzt an halten wir uns immer an den Waldrand. Dort, wo der Wald rechter Hand zu Ende geht und sich bei einer Sitzbank das Sträßchen zu senken beginnt, müssen wir darauf achten, den Feldrain nicht zu verpassen, der fast zugewachsen nach rechts, die Höhe am Hang haltend, auf eine Baumgruppe zuführt. Hinter den Büschen nehmen wir das Teersträßchen auf und gehen bergwärts den Häusern auf der Höhe zu. Beim Überschreiten der Kuppe sehen wir links vor uns einen Hügel, dessen Baumbestand die Rückseite der **Walhalla** verdeckt. Wir nehmen gleich den nächsten Feldweg nach links und gehen hinauf zum Parkplatz. Dort setzt neben dem Kiosk eine Treppe mit merkwürdig getakteten Stufen an. Wenn wir oben aus den Bäumen heraustreten,

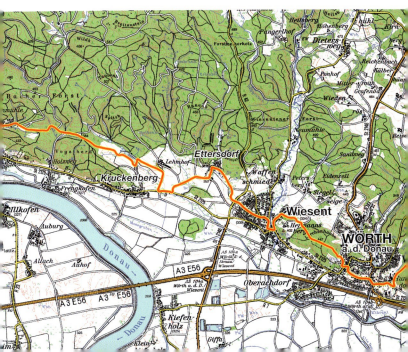

sehen wir vor uns die dorischen Säulenreihen der Ost- und Nordseite der Walhalla. Es lohnt sich, das Gebäude zu umrunden, hat man doch von der Südfassade aus einen großartigen Blick über die mehrfach gestaffelten Terrassen hinunter auf die Donau und das flache Umland des Gäubodens.

Wir gehen den Hügel auf der anderen Seite hinunter und kommen im Tal an dem kurzen Treppenaufstieg zur Wallfahrtskirche St. Salvator von Donaustauf vorbei. Auf dem Weg ins Zentrum der Marktgemeinde gehen wir parallel zur Wörther Straße durch den Fürstenpark und dann durch die Max- und die Regensburger Straße um den Burgfelsen mit den ansehnlichen Resten der einstmals bedeutenden Burg herum. Am Ortsende biegen wir nach rechts ein in die Baronstraße in Richtung auf den Talhang, um von der Autostraße nach Regensburg wegzukommen. Von nun an benützen wir die alte Verbindungsstraße nach Tegernheim und Schwabelweis, bereits Vororte von Regensburg. Für ein kurzes Stück gehen wir dabei auf der Bahntrasse einer ehemals sehr beliebten Schmalspurbahn, dem „Walhalla-Bockerl". Die steilen Felsen des Naturschutzgebiets Fellingerhang zwingen uns nach links – bezeichnenderweise auf der Weinbergstraße – und wir gehen schräg auf das längst eingemeindete **Schwabelweis** zu. Wo wir auf die Metzgerstraße treffen, wenden wir uns nochmals nach links, überqueren an der Ampel die aus der Stadt führende Straße und gehen weiter, bis wir an den Donaudamm kommen. Die Orientierung ist nun im Prinzip einfach: Mit den Domtürmen im Blickfeld als alles überragende Wegmarke gehen wir immer an der Nordseite der Donau entlang. Wir kommen am Donaueinkaufszentrum DEZ – dem ältesten und größten unter den Regensburger Einkaufszentren – vorbei. Dann unterqueren wir die große, mehrspurige

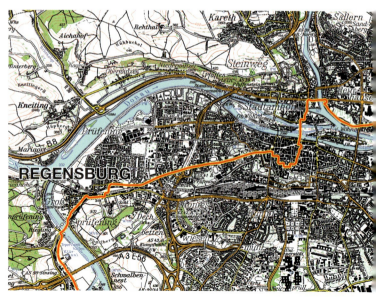

Nibelungenbrücke. Es geht weiter auf dem Donaudamm mit Blick auf die Altstadt bis zur Einmündung des Regens in die Donau. Wir überschreiten den Regen nahe seiner Mündung über die Oberpfalzbrücke, folgen der Frankenstraße für ein kurzes Stück und wenden uns an der nächsten Ampel nach links, um über die Schleusenbrücke des RMD-Kanals endlich den Stadtbezirk Stadtamhof und damit den nördlichen Brückenkopf der Steinernen Brücke zu erreichen.

Walhalla: Sie ist ein durch die Griechenland-Begeisterung des nachmaligen Königs Ludwig I. von Bayern inspirierter Ehrentempel für die „rühmlich ausgezeichneten Teutschen". Leo von Klenze entwarf die Pläne unter Mitwirkung des Kronprinzen. Mit dem Bau begann man 1830 und es dauerte zwölf Jahre bis zu seiner Fertigstellung. An den Wänden des riesigen Saales reihen sich 127 Büsten und weitere 64 Gedenktafeln aneinander. Als letzte wurde 2003 eine Büste der Sophie Scholl aufgestellt, stellvertretend für die Mitglieder der „Weißen Rose", der studentischen Widerstandsbewegung gegen das Dritte Reich an der Universität München.

Donaustauf – St. Salvator: Die ursprünglich gotische Kirche wurde immer wieder verändert. Bedeutend sind die gotischen Wandmalereien an der Süd- und Westwand, um 1400 von einem Padovaner oder Veroneser Künstler gemalt.

Tegernheim: Nördlich von Tegernheim, in der steil eingetieften Schlucht am Tegernheimer Keller lassen wir geologisch gesehen den Bayerischen Wald (Granit/Gneis) hinter uns. Zukünftig wandern wir auf Juragestein (Lias/Dogger/Malm). Vereinzelte Weingärten erinnern daran, dass der gesamte Südhang des Donautales bis ins Mittelalter für den Weinbau genutzt wurde.

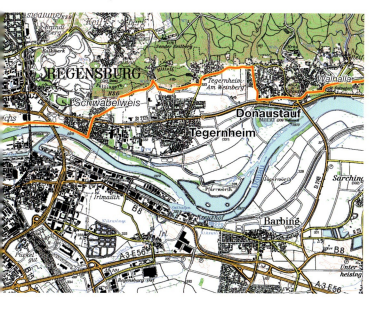

Regensburg   1,8 km

Nur wer aus rein sportlichen Gründen auf dem Ostbayerischen Jakobsweg unterwegs oder ein genauer Kenner Regensburgs ist, wird die Stadt ohne Zwischenstopp durchqueren. Alle anderen werden sicher kürzere oder längere Pausen einlegen, um sich zu erholen und die Stadt zu erkunden. Unterlagen und Informationen hierzu beschafft man sich am besten im Tourismusbüro der Stadt, das im Alten Rathaus untergebracht ist. Im Folgenden wird in einer zugegeben sehr subjektiven Auswahl nur eine Art „Spezial"-Etappe durch die Altstadt beschrieben, die sich ausschließlich auf Sehens- und Besuchenswertes direkt am Wege konzentriert.

Bevor wir die Steinerne Brücke betreten, wenden wir unsere Aufmerksamkeit dem rechts neben dem Brückenkopf gelegenen **Katharinenspital** zu. Vielleicht, weil uns der schönste Biergarten Regensburgs, am Nordarm der Donau mit Blick auf die Steinerne Brücke gelegen, magisch anzieht, vielleicht, weil wir hier im Gasthof „Spitalgarten" übernachten wollen. Tatsächlich folgten wir hierbei einer Tradition, die mehr als 750 Jahre zurückreicht.

Nun machen wir uns auf zum Gang über die **Steinerne Brücke**. Hier hat man den eindrucksvollsten Blick auf die Silhouette der historischen Altstadt. Die Brücke wurde zwischen 1135 und 1146 erbaut. Sie besteht aus einem so genannten Gussmauerwerk mit heiß eingefülltem Kalk als Bindemittel, gehalten von einer Hausteinschale aus Kalk- und Grünsandstein. Auf einer Länge von ursprünglich 336 m überspannt die Brücke mit 16 Bögen den nördlichen und den südli-

Die Steinerne Brücke in Regensburg

Katharinenspital

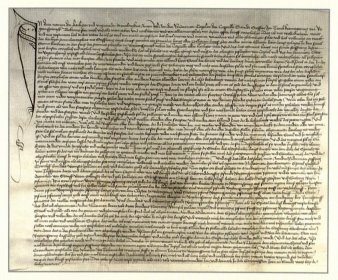

Die Stiftungsurkunde des Katharinenspitals

Bischof Konrad IV. gab dem Spital 1226 eine Verfassung und dotierte es großzügig. Er wird daher bis heute als Stifter verehrt. Das Spital war als Armenkrankenhaus konzipiert, beherbergte aber immer auch Pilger und Reisende. In späteren Jahrhunderten wurde es zunehmend eine Pfründnereinrichtung. Heute ist es ein Alten- und Pflegeheim im Besitz der selbstständigen Katharinenspitalstiftung unter staatlicher Aufsicht. Somit ist das Katharinenspital zu Regensburg eine der ältesten noch bestehenden sozialen Einrichtungen in Deutschland.

Geradezu unglaublich ist, dass sich im Spitalarchiv trotz aller Fährnisse im 30-jährigen Krieg, im Spanischen Erbfolgekrieg und in der Napoleonszeit nahezu der gesamte Archivbestand seit der Gründung erhalten hat. Darunter auch eine Stiftungsurkunde von 1460 für ein Pilgerhaus: „... ein werck der hailigen parmherzigkeit mit stiftung eines hawsz, genannt ein pruederhaus oder pillgramhawsz oder annder armer ellenter lewt hawsz, gelegen in dem spital sannt Kathrein am dem fusz der Stainnen Prugken zu Regennspurgk ...". Die Aufenthaltsdauer im Pilgerhaus mit seinen 14 Betten war auf eine Nacht beschränkt. Als Verpflegung empfingen die Pilger laut Hausordnung ¼ Pfund Fleisch, Suppe, Gemüse, einen Laib Brot und ein Seidel Bier. Wenn man durch die beiden Torbögen auf die Katharinenkirche zugeht, sieht man links daneben das rot gestrichene ehemalige Pilgerhaus. Heute beherbergt es das Büro des Braumeisters. Die Geschichte der Spitalbrauerei beginnt übrigens auch bereits 1226.

Regensburg

Auf die geographisch und strategisch günstige Lage auf der fruchtbaren Terrasse am nördlichsten Punkt des Laufes der Donau, gegenüber den Einmündungen der Nebenflüsse Naab und Regen, wurden bereits die Römer aufmerksam. Folgerichtig gründeten sie gerade hier unter Kaiser Marc Aurel um 179 n. Chr. das Legionslager Castra Regina für die III. Italische Legion mit ihren etwa 6000 Soldaten. Auch die Via Claudia Augusta endete hier an der Donau, wofür es auch eine Hafenanlage gab. Noch um das Jahr 400 wird Castra Regina im römischen Staatshandbuch beurkundet. Große Teile der steinernen Gründungsinschrift sind erhalten, ebenso wie das Nordtor – die Porta Praetoria – und Reste der Befestigungsmauern. Mit seinen Außenmaßen von 540 x 450 m, mit einer etwa 8 m hohen, aus riesigen Buckelquadern gefertigten Umfassungsmauer, mit vier gewaltigen Ecktürmen und 18 weiteren Wachtürmen muss das Lager den Eindruck der Unbezwingbarkeit geboten haben.

Die Regensburger Altstadt mit St. Jakob im Hintergrund

Nach der Stammesbildung der Baiern im 6. Jh. machte das dominierende Geschlecht der Agilolfinger die „Reganesburg" zu ihrer Hauptstadt. Die nördlich der Alpen beispiellos starke Bewehrung und ihre schiere Fläche führten dazu, dass es bis ins hohe Mittelalter innerhalb der Stadtgrenzen zu einem Nebeneinander von Herzogshof, Königspfalz, Bischofssitz und Kaufleuten kam. Das maßgeblich von Fernhandelskaufleuten gebildete Patriziat gewann im 12. Jh. zunehmend Einfluss auf die städtische Verwaltung. 1245 wurde Regensburg unter Kaiser Friedrich II. freie Reichsstadt. Aus dieser Zeit stammen die Geschlechterburgen, die die Stadtlandschaft mit ihren zinnengekrönten Türmen so einzigartig für Mitteleuropa machen.

Im 15. Jh. geriet die Stadt in eine ernste Krise. Sie fiel in ihrer Bedeutung hinter Nürnberg und Augsburg zurück. Gründe sind offenbar die Einschnürung durch die starke Territorialmacht Baiern, der Verlust angestammter Märkte, das Fehlen einer exportfähigen Handwerksproduktion sowie innerstädtische Machtkämpfe. 1519 wurden die Juden aus der Stadt vertrieben, ihr Viertel geplündert und fast völlig dem Erdboden gleichgemacht. 1542 trat die Reichsstadt zum Protestantismus über. Da jedoch die Hoheitsgebiete der Reichsstifte, des Hochstifts und der Klöster nach wie vor etwa die Hälfte des Stadtgebietes einnahmen, blieb der Anteil der katholischen Bevölkerung gewichtig. Welch große kulturelle Bedeutung die Stadt immer noch hatte, belegen zahlreiche Gelehrte, die hier wirkten, darunter als prominentester der große Astronom Johannes Kepler. 1663 wurde in Regensburg der Immerwährende Reichstag als permanenter Gesandtenkongress mit nahezu 70 auswärtigen Gesandtschaften eingerichtet.

Konnte sich Regensburg durch die Geschichte einigermaßen aus allen das Umland verheerenden Kriegen, wie diversen Erbfolgekriegen oder dem 30-jährigen Krieg heraushalten, so brachten 1809 die auf ihrem Territorium stattfindenden Kämpfe zwischen der Armee des Kaisers Napoleon und den Österreichern die Stadt an den Rand des Ruins. Nach einem Zwischenspiel als Fürstentum Regensburg von 1803 bis 1810 unter Carl von Dalberg fiel die Stadt endgültig an Bayern zurück. Die Reichsfürsten Thurn und Taxis erhielten u. a. die ehemalige Reichsabtei St. Emmeram als Kompensation für den Verlust ihres Postregales. Zwar Hauptstadt des Regierungsbezirkes Oberpfalz mit Eisenbahnanschluss und Donauhafen, verfiel die Stadt trotzdem in eine gewisse wirtschaftliche Stagnation.

Erst 1936 wurde mit der Gründung eines Zweigwerkes der Messerschmitt AG Augsburg in Prüfening die industrielle Produktion in großem Stil aufgenommen, leider für den Krieg. Die Bevölkerungszahl der Stadt stieg in dieser Zeit auf über 100.000 an. Es war anscheinend ein Glücksfall für Regensburg, dass es geographisch näher an Italien als an Großbritannien lag und damit im Zweiten Weltkrieg in Reichweite der von Italien aus operierenden 15. US-Luftflotte kam.

Die Amerikaner setzten im Gegensatz zu den Briten strategisch weniger auf nächtliche Flächenbombardements von Innenstädten als vielmehr auf Präzisionsangriffe bei Tageslicht auf kriegswichtige Produktionsstätten. Zwar zerstörten auch sie das Flugzeugwerk, den Fliegerhorst Obertraubling, den Ölhafen, die Bahnhöfe und anderes mehr, jedoch blieb die Altstadt als einzige in Deutschland im Ganzen erhalten! Abgesehen von der Sprengung zweier Bögen der Steinernen Brücke gelang es selbst Nazi-Fanatikern der deutschen Seite nicht mehr, das Zerstörungswerk zu vollenden. Der Aufschwung kam nach dem Krieg mit der Sanierung der Altstadt, der Modernisierung der Infrastruktur zu Wasser und zu Lande und besonders der Gründung der vierten Landesuniversität. Heute ist Regensburg prosperierendes Oberzentrum, wo u. a. Autos von BMW gebaut werden und ein ehemaliger Lehrling bei Messerschmitt die weltgrößte Firma für die Herstellung von Flüssigabfüllanlagen aufgebaut hat.

Die Altstadt ist der deutsche Vorschlag des Jahres 2006 für die Aufnahme in das Weltkulturerbe der UNESCO.

chen Donauarm und die beiden dazwischen liegenden Inseln der Wöhrde. Für Jahrhunderte der einzige feste und sichere Donauübergang, wurde sie im Mittelalter wie ein Weltwunder bestaunt. Eine komplexe Gründung der Pfeiler auf Eichenrosten und deren umfangreiche Bewehrung führen zu einem starken Rückstau im Ober- und zu starken Strudeln im Unterwasser. Durch Eisstöße und kriegerische Ereignisse verlor die Brücke den Nord- und Mittelturm, aber der stadtseitige Brückturm steht noch immer. Als Reste der einstigen Bauplastik sitzt auf dem Mittelscheitel der Brücke das bekannte „Bruckenmanndl", an der brückenseitigen Fassade des Brückturms sind Kopien von Steinfiguren von Kaiser Friedrich II., von König Philipp von Schwaben und seiner Gemahlin Irene von Griechenland angebracht.

Von der Brücke fällt der Blick unvermeidlich auf ein kleines Gebäude mit gestreifter Markise, linker Hand neben dem riesigen Regensburger Salzstadel gelegen. Dies ist die **Historische Wurstküche**, einstmals die „Kantine" der Bauleute der Brücke, später beliebte Garküche und bis heute Anlaufpunkt für viele Regensburger Bürger und Touristen, um eine kleine Zwischenmahlzeit einzunehmen. Der ambitionierte Familienbetrieb hat sich besonders auf Regensburger Bratwürste spezialisiert, die sich von denen der Nürnberger Konkurrenz dadurch unterscheiden, dass sie keinen Majoran enthalten, daher eher leicht pfeffrig schmecken, und dass sie in ihrem „Kaliber" ein klein wenig größer sind. „Sechse mit Kraut, süßem Senf, Kipferl und ein Weißbier" könnte auch für einen Jakobspilger eine gute Order sein, um wieder zu Kräften zu kommen.

Vom stadtseitigen Brückenfuß gehen wir durch die kurze Brückstraße hinauf zum **Goliath-Haus**, eine der imposanten frühgotischen Patrizierburgen von 1220/30. Das eindrucksvolle Wandfresko, das den Kampf zwischen David und Goliath darstellt, ist vor 1573 durch den Salzburger Melchior Bocksberger gemalt worden. Die sich nach beiden Seiten erstreckende Straßenflucht markiert die Nordmauer des römischen Legionslagers. Wer ins Herz der Stadt zum Alten Rathaus will (auch Tourismusbüro), wendet sich nach rechts. Dabei kann er links am Watmarkt einen Blick auf das Baumburger Haus und in der Wahlengasse auf den Goldenen Turm werfen. Mit 28 bzw. 50 m bilden die beiden die höchsten Geschlechtertürme der Stadt. Das Lehrreiche mit dem Nahrhaften verbinden kann man beim Besuch der ersten Dampfnudel-Bäckerei im Erdgeschoss des **Baumburger Hauses**. Man sitzt unter dem frühgotischen Gewölbe einer ehemaligen Hauskapelle und genießt einen bayerischen „Snack", z. B. einen „Pichelsteiner Eintopf" oder „Dampfnudel mit Vanillesoße".

Die Markierung weist uns indes nach links. Wenn wir weiter an der Mauer entlang gingen, würden wir auf die **Porta Praetoria**, das Nordtor des römischen Legionslagers, treffen. Wir biegen jedoch nach rechts in den Krauterermarkt ein. Dabei kommen wir an der **Kollegiatskirche St. Johann** vorbei. An der rechten Seite ihrer Chorwand hängt eine Kopie des berühmten Wallfahrtsbildes der

Schöne Madonna von Albrecht Altdorfer

Schönen Madonna von Albrecht Altdorfer aus der Zeit um 1520. Gleich danach stehen wir vor der Westfassade des **Domes St. Peter,** der einzigen „klassischen" gotischen Kathedrale östlich des Rheines. Eine Beschreibung des Domes und seiner Ausstattung würde den Rahmen sprengen. In einer sehr subjektiven Auswahl sei hier nur auf die fast vollständige Verglasung, zum größten Teil aus dem Mittelalter überkommen, auf die Figuren der Verkündigung an den Pfeilern der Vierung aus der Zeit von 1280 sowie auf die romanischen Kapellen des Domkreuzganges aufmerksam gemacht. Wer an Sonn- oder Feiertagen in Regensburg ist, sollte um 10.00 Uhr an der Kapitelsmesse teilnehmen. Sie wird musikalisch gestaltet von den Regensburger Domspatzen, die in der Tradition der Domschule stehen, welche der hl. Wolfgang 975 gegründet hat.

Wir gehen weiter durch die Residenzstraße zum **Neupfarrplatz**, einem historisch bedeutsamen Platz in der Regensburger Stadtgeschichte (leider auch der am meisten durch Bausünden der Nachkriegszeit verhunzte). Hier befand sich bis zu ihrer Vertreibung im Jahre 1519 das Viertel der Juden. Der Platz der Synagoge wird seit kurzem durch eine Rauminstallation des israelischen Künstlers Dani Karavan aus weißem Beton markiert. Nach der Demolierung des Judenviertels glühte und verglühte hier wie eine Sternschnuppe die Wallfahrt „Zur Schönen Madonna". Sie war für einige Jahre die bedeutsamste Europas, jedoch mit teilweise ekstatischen Auswüchsen. Mit der Einführung der Reformation im Jahre 1542 fand sie ein rasches Ende. Die im Entstehen begriffene Wallfahrtskirche des Augsburgers Hans Hieber blieb unvollendet und wurde die erste Pfarrkirche der evangelischen Bürger.

Wir verlassen den Neupfarrplatz auf der gegenüberliegenden Seite durch einen schmalen Durchgang, die Pfarrergasse, an deren Ende wir auf die Obermünsterstraße treffen. Von hier aus geht es rechts – links – rechts durch schmale Gassen, bis wir am Emmeramsplatz herauskommen.

Vor uns liegt das Portal von **St. Emmeram**, für mehr als ein Jahrtausend eine der einflussreichsten Reichsabteien des Benediktinerordens. Ihre Anfänge liegen um das Jahr 700. Mittelpunkt waren die Gebeine des hl. Märtyrers Emmeram, die hier um 740 in die Apsis einer Vorläuferkirche übertragen wurden. Bis 975 bestand sogar eine Personalunion von Abt und Bischof, die erst durch den hl. Wolfgang gelöst wurde. Vom 8. bis zum 10. Jh. war das Kloster Zentrum von Buchmalerei und von Studien der Antike, im 12. Jh. machte sich der Einfluss der Hirsauer Reformbewegung bemerkbar. 1295 erhielt es die Reichsunmittelbarkeit. In der Abtei wurden bedeutende karolingische Herrscher und bairische Herzöge, Bischöfe und Äbte sowie Mitglieder des Immerwährenden Reichstages beigesetzt. 1731 wurden die Äbte des Klosters in den Reichsfürstenstand erhoben. Erneut blühte die wissenschaftliche Forschung. Im Zuge der Säkularisation wurde die Abtei schließlich größtenteils an das Haus Thurn und Taxis übergeben, das den Komplex zu einer fürstlichen Residenz umgestaltete.

Zur Klosterkirche St. Emmeram gelangen wir durch den Vorhof; gleich rechts an der Mauer befindet sich das Renaissance-Grabdenkmal von Johannes Thurmair, genannt Aventinus – Humanist, Geschichtsschreiber und Prinzenerzieher. Die dreischiffige Basilika ist der größte und wichtigste Kirchenbau Süddeutschlands aus karolingischer und frühromanischer Zeit. Nach einem verheerenden Brand 1166 wurden die Klosterbasilika und die parallel angelehnte Pfarrkirche St. Rupertus umfassend erneuert. Auch die gemeinsame

Das Langhaus von St. Jakob

Vorhalle stammt aus dieser Zeit. Der Campanile wurde 1575–1579 neu gestaltet. Als Folge massiver Verwüstungen während des 30-jährigen Krieges kam es zu einer barocken Umgestaltung der Raumschale durch den Architekten J. M. Prunner und die Gebrüder Asam.

Unter der Mensa des Hochaltares ruhen die Gebeine des hl. Emmeram, sein Hochgrab aus dem 14. Jh. befindet sich im Ostteil des südlichen Seitenschiffes, wie auch die Grabtumba des hl. Wolfgang aus derselben Zeit. Die Gebeine des hl. Wolfgang, Patron des Bistums Regensburg, liegen in einem Silberschrein unter dem Altar der Wolfgangskrypta. Sie sind noch heute Ziel einer lebendigen Wallfahrt aus der Diözese und darüber hinaus. Mehr

Der hl. Jakobus von St. Jakob

unauffällig verehrt wird die selige Hemma, königliche Gemahlin des Karolingers Ludwig des Deutschen, deren anmutiges, lebensgroßes Bildnis von 1280 sich an der Wand des nördlichen Seitenschiffes befindet.

Von der Nordwestecke des Emmeramsplatzes aus gehen wir durch die Marschallstraße zum Ägidienplatz. Dort biegen wir nach rechts in den Beraiterweg ein. Bevor wir auf den Bismarckplatz und die Gesandtenstraße treffen, passieren wir rechter Hand die ehemalige **Dominikanerkirche St. Blasius**, eine der frühesten und größten Bettelordenskirchen Süddeutschlands. Hier hat der heilige Albertus Magnus (der Große) von 1236 bis 1240 Philosophie gelehrt, 1260 wurde er zudem Bischof von Regensburg.

Den Westen des Bismarckplatzes nimmt das ehemalige **Schottenkloster St. Jakob** ein. An seiner Pforte können wir uns den Pilgerstempel beschaffen und um den Pilgersegen bitten. Zum Eingang der Kirche St. Jakob und St. Wolfgang müssen wir rechts um die Ecke durch das Lothgässchen gehen.

Schottenkloster St. Jakob:

Um 1070 kamen irische Wandermönche nach Regensburg (Irland = Scotia major). Konsequent machten sie in den folgenden 150 Jahren ihr Kloster St. Jakob zur Keimzelle der irischen Benediktinerkongregation auf deutschem Boden und zum Hauptstützpunkt für Pilgerfahrten nach Jerusalem, Rom und Santiago. St. Jakob war Mutterkloster für neun Filialklöster, gegründet in Erfurt, Nürnberg, Würzburg, Eichstätt, Memmingen, Konstanz, Kelheim, Wien, ja sogar Kiew, viele davon ebenfalls versehen mit dem Patrozinium des hl. Jakob. Das im Laufe des Spätmittelalters verarmte Kloster wurde 1515 von schottischen Benediktinern übernommen. Tatkräftige Äbte führten es im 17. Jh. zu neuer Blüte. St. Jakob blieb Herberge für durchreisende Pilger und wurde Schule und Seminar für junge Schotten, da die anglikanische Kirche in ihrer Heimat bis ins 19. Jh. keine Ausbildung von katholischen Geistlichen zuließ. Das Kloster entwickelte sich so zu einem Hort der jungen Naturwissenschaften und – weil englischsprachig – auch zu einer exklusiven Ausbildungsstätte für externe Schüler. Da es seinen exterritorialen Status behaupten konn-

Mittelalterliche Jakobspilger aus Regensburg

Im Regensburger Urkundenbuch wurden bisher drei aus Testamenten stammende Quellenbelege des 14. Jh. für Stiftungen im Zusammenhang mit Pilgerfahrten nach Santiago entdeckt. Des Weiteren ist eine interessante Zeugenaussage dokumentiert aus einem Mordprozess aus der Zeit von 1251 bis 1255.
Danach war der Kleinadelige Ulricus Winnus aus Hart bei Beratshausen Jerusalem- und Santiagopilger und hatte vor, erneut nach Santiago zu reisen.
2004, also im Jahr der Wiederbelebung des Ost-

bayerischen Jakobsweges, kam bei Ausgrabungen auf dem ehemaligen Friedhofsgelände des Schottenklosters St. Jakob in einem gestörten mittelalterlichen Grab eine etwa 500 Jahre alte Jakobsmuschel ans Licht. Entweder hat es ein Jakobspilger nicht bis nach Santiago oder nicht mehr bis nach Hause geschafft oder einem Regensburger Santiagopilger war das Symbol seiner Pilgerschaft so wichtig, dass er es mit ins Grab nahm.

te, entging es der Säkularisation. 1827 wurde es durch König Ludwig I. restituiert. 1862 wurde es schließlich doch durch päpstliches Breve aufgelöst und an das Bistum Regensburg übergeben, welches die Gebäude umbauen ließ und hier sein Priesterseminar einrichtete. 2005 erfolgte eine gründliche Sanierung. Zu deren Abschluss kamen im Rahmen einer gemeinsamen Ausstellung viele Preziosen des ehemaligen Klosters aus Schottland zum ersten Mal in ihre ursprüngliche Heimat zurück. Papst Benedikt XVI. hat mit Bezug auf seine Zeit als Theologieprofessor an der Universität Regensburg die Jakobsmuschel aus dem Wappen des Schottenklosters in sein päpstliches Wappen aufgenommen.

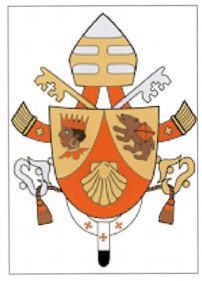

Wappen von Papst Benedikt XVI.

Die Jakobskirche wurde vor 1200 vollendet. Sie zählt zu den Hauptwerken der hochromanischen Architektur in Süddeutschland. Die dreischiffige, flachgedeckte Basilika ohne Querhaus, mit Westempore und seitlichen Portalen ist im Wesentlichen unverändert. Berühmt ist das nördliche Schauportal. In der Kunstgeschichte herrscht weder Einigkeit über die stilistische Einordnung dieses Unikates noch über die ikonographische Deutung seines Figurenprogrammes. In erster Annäherung könnte es eine „gute" linke Seite und eine „böse" rechte Seite darstellen, mit Maria mit dem Kind respektive dem Antichristen als Zentralfiguren. Heute schützt aus konservatorischen Gründen ein moderner Glasvorbau das Portal.

Auffällig im Inneren ist die qualitätvolle Bauplastik, besonders die individuell gestalteten Säulenkapitelle. Vereinzelt finden sich romanische Säulchen aus dem leider umgebauten Kreuzgang. Die Steinfigur des hl. Jakobus von 1310/20 am nördlichen Chorpfeiler wird sicher die besondere Aufmerksamkeit der Jakobspilger auf sich ziehen, ebenso seine Darstellung im nördlichen Fenster hinter dem Hochaltar. Am südlichen Chorpfeiler steht eine lebensgroße Madonna mit Kind von 1360, darüber die Triumphkreuzgruppe aus dem frühen 13. Jh. Beim Verlassen der Kirche sieht man rechts neben dem Portal in Augenhöhe in horizontaler Lage das Steinrelief eines Mönches mit dem eingravierten Namen Rydan. Über die Bedeutung dieser Darstellung – Pförtner oder Verschließer mit Schlüssel und Riegelbalken – ist viel spekuliert worden.

Regensburg – Kelheim 25,2 km

Die heutige Etappe beginnt vor dem berühmten Nordportal der Schottenkirche St. Jakob. Einen besseren und geschichtsträchtigeren Ort, um eine Etappe auf dem Jakobsweg zu beginnen, wird man schwerlich finden. Wir passieren die bronzene Wegmarke mit der Jakobsmuschel und der Aufschrift „Santiago de Compostela 2705 km" und verlassen den Bereich der Altstadt nach Westen auf der Jakobstraße durch das Jakobstor und gehen hinaus nach Prüfening. Dort überqueren wir die Donau über die Sinzinger Eisenbahnbrücke. An dieser Stelle leistet übrigens die bereits 1145 erstmals erwähnte Prüfeninger Fähre auch heute noch ihren Dienst. Bis zum Jahre 1485 war dies der reguläre Donauübergang für die wichtige Handelsstraße nach Nürnberg. In Sinzing verlassen wir das Tal der Donau, um den großen Donaubogen von Bad Abbach hinüber nach Kelheim abzuschneiden. Wir folgen hierbei einer uralten Straßenverbindung, wie überhaupt vor dem Einsetzen der Motorisierung trockene, notfalls auch steilere Wege über die Höhen den unzuverlässigeren in den feuchten Talniederungen vorgezogen wurden.

Die Orientierung aus der Stadt hinaus ist diesmal einfach: Wir folgen für mehrere Kilometer zuerst der Prüfeninger Straße und dann ihrer Rennweg genannten Fortsetzung stadtauswärts, zweckmäßigerweise in Gehrichtung auf der linken Seite, weil man dabei, zwar spärlich, aber doch regelmäßig, auf Erinnerungsmarkierungen stößt. Wo sich auf der rechten Seite des Rennweges das Gelände parkartig erweitert, sollte man sich etwas vorsehen, um das an einem Laternenpfahl angebrachte linksweisende Hinweisschild nicht zu übersehen. Denn kurz nach der Einmündung der breiten Killermannstraße (von rechts) in den Rennweg biegen wir nach links in eine kleine Straße, den Waldvereinsweg, ab. Wir überschreiten ein Eisenbahngleis, durchqueren ein schmales Schrebergartengelände, unterqueren eine Eisenbahnüberführung und sehen, daraus auftauchend, vor uns den mauerbewehrten Klosterpark mit den beiden darüberlugenden Türmen des Klosters **Prüfening**.

Unser Weg führt uns vom mit Sphinxen geschmückten Eingangstor des Parks nach rechts am Biergarten vorbei zur nächsten Eisenbahnunterführung. Wir bewegen uns dabei auf der Trasse der mittelalterlichen Handelsstraße von Regensburg nach Nürnberg, die sicher auch viele Jakobspilger gegangen sind. Wieder aus der Unterführung heraustretend, wenden wir uns scharf nach links und folgen entlang des Bahndamms dem schmalen Fährenweg, bis wir an dessen Ende linker Hand auf den Aufstieg zur Sinzinger Eisenbahnbrücke stoßen. Die Brücke weist einen kombinierten Fuß-/Radweg auf und ermöglicht uns so problemlos den Übergang auf das Nordufer. Am nördlichen Brückenkopf wenden wir uns stromaufwärts entlang der Straße in Richtung auf das Dorf Sinzing zu. Hoch über unseren Köpfen rauscht der Fernverkehr über die Brücke der BAB Regensburg – Nürnberg. Vorbei am Lokalbahnhof führt die Straße auf die Brücke über die Schwarze Laaber zu. Aber aufgepasst! Der Fluss wird **nicht** hier überschritten. Wir wenden uns stattdessen vorher nach rechts und unterqueren die Eisenbahnüberführung. Gleich danach erreichen wir linker Hand die Brücke, die uns nach links über das Flüsschen in die Ortsmitte von **Sinzing** bringt. In moderater Steigung geht es die – nomen est omen – Bergstraße hinauf, vorbei an der Kirche Mariä Himmelfahrt aus den fünfziger Jahren, bis man auf der Höhe schließlich die Bebauungsgrenze erreicht und endlich wieder unversiegelten Boden unter die Füße bekommt. Vorbei an einer schönen, von Bäumen eingerahmten Kreuzigungsgruppe führt uns nun der Weg auf bequemen Forststräßchen fast eben durch das Bruckdorfer Holz. Dabei passieren wir die sorgfältig gepflegte Zuylen-Kapelle, deren seltsamer Name sich auf das Gedächtnis eines Thurn-und-Taxis'schen Ministerialen aus dem 19. Jh. mit flämischer Abstammung bezieht. Nach Verlassen des Waldes erreichen wir das Dorf **Bergmatting**. Wir biegen nach rechts auf die Teerstraße ein, passieren die Dorfkirche romanischen Ursprungs mit dem seltenen Patrozinium des hl. Leodegar (Stiftsherr in Eichstätt und Mitbegründer von St. Walburg) und bleiben von nun an auf der geteerten Ortsverbindungsstraße hinüber nach **Saxberg**. Dort „umgehen" wir die Umgehungsstraße durch einen kurzen Schlenker nach links und gleich wieder nach rechts direkt beim ersten Haus am Ortsanfang. Wir benützen nämlich die alte Straße, die schnurgerade und ziemlich steil den Berg hinauf und oben weiter durch den Ort führt. Danach kehren wir rechtshaltend auf die Ortsverbindungsstraße in Richtung Schneckenbach zurück. In **Schneckenbach** verlassen wir bei der kleinen Kapelle endgültig die Teerstraße nach halblinks und treten wieder in den Wald ein. Auf der folgenden Strecke empfiehlt es sich, etwas auf die Markierungen zu achten. Zweigen doch kurz nacheinander das rote Rechteck und die rote Raute jeweils nach rechts von un-

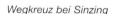

Wegkreuz bei Sinzing

serer Route ab. Wir folgen jedoch weiter unverdrossen unserer *gelben Muschel auf blauem Grund* (hilfsweise wiederum dem *grünen Pfeil auf weißem Grund* oder dem Zeichen des *E8*). Wenn man linker Hand an einem überdachten Bildstock vorbeikommt, weiß man, dass man sich dem Frauenhäusl nähert. Vorher treffen wir jedoch noch auf eine durch zwei Hinweisschilder gekennzeichnete Wegverzweigung. Rechts führt der Jakobsweg auf kürzestem Weg über Frauenhäusl nach **Kelheim**.

Variante: Links weist eine Lokalmarkierung, die grüne 4 auf gelbem Grund – anfangs begleitet vom grünen Rechteck auf weißem Grund –, an einem Bildstock des hl. Johann von Nepomuk vorbei direkt hinunter nach Kelheimwinzer mit seiner dem hl. Jakobus d. Ä. geweihten Pfarrkirche. Von dort kann man an der alten Jakobskirche (es gibt nicht weit entfernt auch eine neue) vorbei auf dem Donauradweg (Näheres siehe unter Radstrecke) problemlos ebenfalls Kelheim erreichen. Im Vergleich zum Hauptweg ist die Variante um 3,9 km länger.

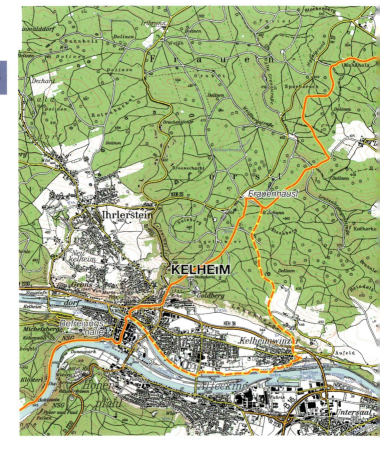

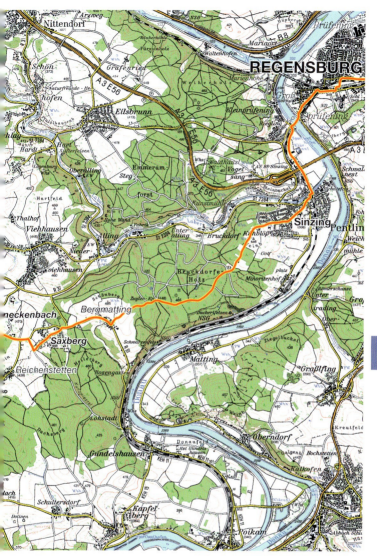

Wir bleiben aber auf der direkten Route und erreichen nach kurzer Zeit das auf einer Rodungsinsel gelegene Frauenhäusl, einer ehemaligen Sommerfrische des Klarissinnenordens. Jetzt ist es eine beliebte Ausflugsgaststätte. Wir gehen nach links wieder in den Wald und folgen dem Weg bergab. In der Nähe des Städt. Krankenhauses treten wir aus dem Wald heraus und treffen auf den Stadtrand von Kelheim. Wir folgen der Straße ein kurzes Stück weiter bergab bis zur großen Ampelanlage. Dort wenden wir uns nach rechts, jedoch nicht direkt auf der Durchgangsstraße nach Riedenburg, sondern auf der davor parallel verlaufenden alten Straße. Diese ermöglicht es uns später, die Durchgangsstraße nach links auf einer Brücke zu überqueren und die markante Fußgängerbrücke über die kanalisierte Altmühl anzusteuern. Wir betreten den kreuzförmig angelegten, langgezogenen Stadtplatz an seiner schmalen Südseite durch das Altmühltor.

Prüfening: Bischof Otto von Bamberg gründete die Benediktinerabtei mit ihrer romanischen Kirche St. Georg 1109 vor den Toren Regensburgs im Geiste der Hirsauer Reform. Sie entwickelte sich zu einem der strengsten und vorbildlichsten Benediktinerklöster und unterhielt ein berühmtes Skriptorium. Leider ist die romanische Kirche mit ihrem großartigen Freskenzyklus und dem Hochgrab des sel. Erminold normalerweise verschlossen. Interessenten müssten sich für eine Besichtigung langfristig beim Tourismusbüro der Stadt Regensburg voranmelden.

Kelheim: Kelheim liegt im Mündungsdreieck von Altmühl und Donau. Die um 1180 gegründete Stadt ist eine typische Gründung der frühen Wittelsbacher: ein Straßenkreuz mit der Verbreiterung eines Armes als Straßenmarkt inmitten einer annähernd quadratischen Befestigung. Die außerhalb der Stadtbefestigung gelegene Burg war bereits früher Besitz der Wittelsbacher. Kelheim wurde nie Reichsstadt, sondern blieb herzogliche Landstadt. Ihre Entwicklung wurde bald gebremst durch den Aufstieg von Landshut und die ungeklärte Ermordung von Herzog Ludwig dem Kelheimer vor dem Donautor im Jahre 1231. Trotzdem fiel ihre wirtschaftliche Blütezeit ins Mittelalter, bis die Verlegung der Fernhandelswege und die Zerstörungen des 30-jährigen Krieges die Stadt verarmen ließen. Der Bau des Ludwig-Donau-Main-Kanals von 1846 hielt nicht, was er versprach – 1945 wurde er aufgelassen. Die Einmündungsschleuse und das Hafenbecken sind als Industriedenkmal noch erhalten. Auch die Eisenbahn lief an Kelheim vorbei. Ende des 19. Jh. hielt die Hausteinindustrie Einzug und ein Zellulosewerk wurde gegründet, kurz vor dem Zweiter Weltkrieg noch die Süd-Chemie. 1972 wurde Kelheim Sitz des Großlandkreises. Die entscheidende Veränderung – auch in städte- und wasserbaulicher Hinsicht – kam 1992 mit der Eröffnung des Rhein-Main-Donau-Kanals.

Das 1607 gegründete Weißbier-Brauhaus wurde 1806 in den Rang eines „Königlich Weissen Brauhauses" erhoben. 1927 kaufte es die Familie Schneider. Es gilt als das älteste Weißbier-Brauhaus Bayerns. Dessen Biergarten zählt ebenfalls zu den schönsten in Bayern und darüber hinaus.

Spitalkirche St. Johannes (sog. Ottokapelle): Der Hochaltar der Ottokapelle markiert angeblich die Stelle der Bluttat an Herzog Ludwig. Daher wurde sie als Gedächtniskapelle vor der Mitte des 13. Jh. gestiftet. Sie wurde als Priorat dem Schottenkloster St. Jakob in Regensburg übergeben, aber um 1500 in ein weltliches Spital umgewandelt. 1602 wurde die Kirche erneuert und erhielt eine schöne Renaissance-Ausstattung. Außen vor der Nordseite des Chores steht ein Sühnekreuz (um 1600) für die Ermordung Herzog Ludwigs.

Kelheim – Altmannstein 21,2 km

Diese Etappe ist sicherlich die schönste auf dem Ostbayerischen Jakobsweg und nach Aussage von Santiago-Pilgern eine der schönsten auf der gesamten Strecke nach Santiago de Compostela. Gleich in Kelheim beginnt ein 5,5 km langer Weg durch die Weltenburger Enge, eine großartige Szenerie aus steil aus den Buchenwäldern emporragenden, vom Wasser angeschliffenen Felswänden und -türmen, an denen sich die Donau dunkelgrün und eilig vorbeischiebt. Am oberen Ende des Durchbruchstales liegt auf einer Schotterterrasse an der Innenseite einer Flussschleife die weltberühmte Benediktinerabtei Weltenburg. Einige Kilometer weiter bewegen wir uns wieder auf historischem Boden: Ab jetzt gehen wir auf den Resten des Rätischen Limes entlang bis nach Altmannstein. Dort wartet zum Abschluss des Tages in der Pfarrkirche der beeindruckende Kruzifixus des Ignaz Günther auf uns. Die sehr kurzweilige Strecke verläuft mit nur mäßigen Steigungen meist auf unbefestigtem Untergrund, häufig im Wald.

Wir verlassen **Kelheim** durch das Donautor und wenden uns sofort nach rechts in Richtung auf den mächtigen Schleiferturm aus dem 15. Jh., jetzt Kriegergedächtnisstätte. Wir umrunden den Bau und halten uns halblinks, um nach Überschreiten der Brücke über den alten Ludwigskanal nach wenigen Gehminuten den Ausgang der Weltenburger Enge zu erreichen. Rechts steigt der steile Talhang des Michelsberges empor, der die Befreiungshalle trägt.

Donauländebei Kelheim mit Befreiungshalle

Weltenburger Enge

Die Weltenburger Enge

Aus geologischer Sicht zwar nicht korrekt, wird dieser Flussabschnitt der Donau häufig als „Donaudurchbruch" bezeichnet. Das Durchbruchstal wurde nämlich bereits im Pleistozän durch einige von Süden kommende Nebenflüsse ausgeräumt, die sich vor Weltenburg zum so genannten Neuburger Fluss vereinigten und bei Kelheim in die Urdonau mündeten, welche zu jener Zeit noch durch das Tal der Altmühl floss. Erst gegen Ende der Rißeiszeit vor etwa 200.000 Jahren musste die Urdonau ihre ursprüngliche Laufstrecke aufgeben und sich mehrfach südlichere Gerinne suchen – eben die bereits eingetieften Flusstäler der Ingolstädter Albsaum-Flüsse und des Neuburger Flusses. Die Weltenburger Enge wurde 1936 als Naturschutzgebiet ausgewiesen und ist somit das älteste in Bayern. 1978 wurde ihm vom Europarat das Europadiplom verliehen. Großflächige Buchenmischwälder wechseln sich ab mit Schluchtwäldern und Weißjurafelsen. Die teilweise extremen Standorte bergen zahlreiche seltene Pflanzenarten, darunter Relikte aus der Eiszeit. In den Felsen brüten Wanderfalke und Uhu.

Die Wegfindung ist einfach. Wir brauchen nur den teils befestigten, teils naturbelassenen Weg am Flussufer entlangzugehen. Nach etwa 2 km kommt man am sog. Klösterl vorbei. Nach Passieren einer Felsformation mit Namen Hohlstein, die so nahe an den Fluss heranreicht, dass für den Weg kaum noch Platz bleibt, tritt die Uferbewaldung zurück und es öffnet sich rechter Hand eine langgezogene Wiese. An deren oberem Ende wendet sich unser Weg scharf nach rechts vom Ufer ab und steigt auf einem Forstweg in mehreren Serpentinen den Talhang hinauf. Wir überschreiten nun das Felsmassiv der Langen Wand, das auf der Flussseite etwa 40 m senkrecht abbricht. Zusammen mit der Stillen Wand, die gegenüber am südlichen Flussufer liegt, engen die Felsen den Lauf des Stromes hier bis auf 110 m ein.

Tipp: Für den Fall, dass der Uferweg von Kelheim bis zur Langen Wand durch ein Hochwasser überflutet ist, kann man die Ausweichroute über den Michelsberg nehmen (rotes Rechteck auf weißem Grund).

Auf der Höhe geht es auf bequemen Waldwegen über den Rücken der Langen Wand parallel zur Abbruchkante stromaufwärts. Bevor sich unser Weg bei einem Durchstich durch den keltischen Abschnittswall absenkt, leisten wir uns einen kleinen Abstecher nach links. Denn von einer Felsenkanzel aus öffnet sich plötzlich ein großartiger Tiefblick hinunter auf den Strom und auf das gegenüberliegende Kloster Weltenburg. In kurzen Serpentinen bringt uns der Fußweg dann zu einem kleinen Teersträßchen hinunter. Links können wir zwischen den Bäumen bereits die wasserseitige Front des Klosters sehen. Gleich nach der Kurve kann man über eine kurze Treppe das felsige Ufer erreichen. Dort befindet sich die Lände der kleinen Zillen, die meistens hier oder auf dem anderen Ufer darauf warten, Wanderer und Klosterbesucher über den Strom zu bringen. Sollte sich gerade kein Boot in der Nähe befinden, kann man den Fluss etwa 500 m stromaufwärts mit der Autofähre von Stausacker queren.

Nach dem Besuch von **Kloster Weltenburg** kehren wir entweder per Zille oder mit der Autofähre auf das Nordufer zurück. Wir gehen in den kleinen Ort **Stausacker** hinein in Richtung auf die Kapelle, biegen jedoch vorher nach rechts auf das bergwärts führende Sträßchen ab. Nach wenigen 100 m verlassen wir die Straße nach links und gehen weiter bergauf durch eine Art Hohlweg, bis wir auf der

Kloster Weltenburg

Höhe den Waldrand erreichen. Auf alten Waldwegen geht es über den Hügel hinweg, bis sich der Weg langsam nach unten in Richtung Donautal senkt. Das letzte Stück bildet ein alter, tief eingeschnittener Hohlweg. Wir kommen zwischen den beiden Gehöften von **Haderfleck** heraus. Es geht weiter schräg über die Wiese, an der dem Fluss abgewandten Seite der Auwaldzunge entlang, bis wir an deren Ende dann doch auf das Ufer der Donau stoßen. Wir gehen stromaufwärts, links der Fluss und rechts ein Pappelwäldchen. Am Ende des Wäldchens biegen wir rechts ab in Richtung auf den Talhang. Der Feldweg macht einen Bogen nach links und nähert sich einer baumbestandenen Böschung. Hier geht es **nicht** geradeaus weiter, sondern wir steigen auf einem verfallenden Treppchen nach rechts durch die Hecke über die Böschung hinauf. Auf einem Feldweg gehen wir weiter entlang einer Zeile aus stämmigen Birkenbäumen bis zur Ortsverbindungsstraße Kelheim – Hienheim, an der die 1861 gestiftete Hadriansäule steht.

Wir überqueren die Autostraße und folgen auf den nächsten 5 km mit kleinen Abweichungen immer den Überresten des Limes, der von hier aus schnurgerade nach Westen zieht. Nach wenigen 100 m unterbricht rechter Hand die hölzerne Rekonstruktion eines römischen Wachturms (besser Signalturms) die Heckenzeile. Wir gehen weiter an ihr entlang, wechseln jedoch bald auf ihre nördliche Seite und durchschreiten ein Feldgehölz am Grunde eines Grabens, wo hoch

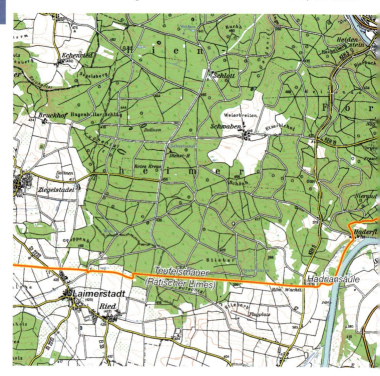

Naturpark Altmühltal

Bei Kelheim beginnt der Naturpark Altmühltal, welchen wir auf seiner ganzen Breite von Ost nach West bis zur Stadtgrenze von Donauwörth durchqueren werden. Da der Naturpark Altmühltal den Ostbayerischen Jakobsweg gleichzeitig zu einem seiner Hauptwanderwege gemacht hat (vergleichbar mit dem Jakobsweg zwischen Genf und der spanischen Grenze, der ebenfalls gleichzeitig als französischer Weitwanderweg GR 65 markiert ist), zeigen die Jakobsweg-Markierungen zwar nach wie vor in die Generalrichtung Südwest, sind jedoch so angebracht, dass man die Route von Donauwörth aus auch in der Gegenrichtung nach Kelheim begehen kann. Übrigens – wenn wir auf unserem Weg nicht sicher sind, wie es weitergeht, hilft daher auch hier manchmal ein einfacher Blick zurück.

an einem Baum ein gut erhaltenes Allerseelenmarterl zu sehen ist. Am gegenüberliegenden Hang beginnen wir mit der Durchquerung des Südzipfels des Hienheimer Forstes. Auf unserem Weg treffen wir noch mehrmals auf mehr oder weniger überwachsene Spuren weiterer Wachtürme. Wir lassen uns durch quer verlaufende Waldwege und Forststraßen nicht beirren, sondern bleiben unserer Generalrich-

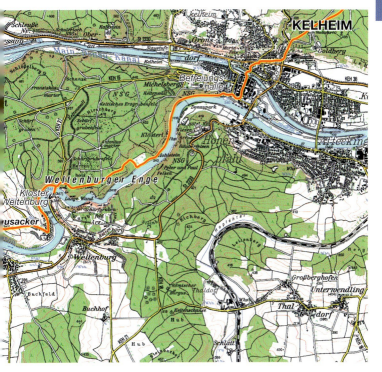

tung treu, selbst dort, wo nach einem durch Stufen gesicherten Durchstich der Weg zum Fußpfad und immer schmäler wird. Er führt durch Fichtenschonungen und über Lichtungen weiter, bis wir schließlich den Waldrand linker Hand durch die Bäume schimmern sehen. Hier wechseln wir zuerst auf ein Forststräßchen, das bald in einen Wirtschaftsweg übergeht, welcher uns durch ein kleines Tal hinüber zu den Hopfengärten von **Laimerstadt** bringt. Unten im Tal bleibt ein kleiner Weiher rechts liegen. Auf der Höhe passieren wir ein Wegkreuz,

Allerseelenmarterl

an dessen Stelle nach Aussage von Herrn Balthauser aus Ried vor langer Zeit bei Feldarbeiten die Trümmer eines römischen Torbogens gefunden wurden (im Museum). Wenige Meter danach treffen wir auf ein befestigtes Sträßchen, das aus dem vor uns liegenden Laimerstadt heraus nach Gut Schwaben führt. Wir biegen scharf nach rechts auf das Sträßchen ein, verlassen es jedoch sofort wieder nach

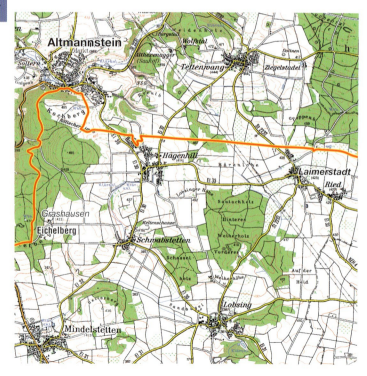

links, indem wir auf einer etwas überwachsenen Wagenspur die unterirdische Trasse des Limes wieder aufnehmen, die hier oberirdisch durch die Masten der Starkstromleitung markiert ist. Wir lassen den Ortsbereich von Laimerstadt linker Hand liegen, überschreiten die Ortsverbindungsstraße nach Tettenwang und gehen immer weiter auf der Spur des Limes, vorbei an Hopfengärten und durch kleine Waldstücke, bis es bei einem Bildstock kurz vor **Hagenhill** nicht mehr weitergeht, weil hier unser Weg durch ein nicht begehbares Feld unterbrochen ist. Wir entscheiden uns für die Umgehung nach links. **Achtung!** Zwischen dem ersten Bauernhof und einem stillgelegten Hopfengarten biegen wir nach rechts auf die unauffällige Feldböschung ein, die uns an ihrem entgegengesetzten Ende auf eine bergab führende Straße bringt. Wir umrunden ein Gartengrundstück

Der Rätische Limes

Die Hadriansäule soll an den Rätischen Limes – im Volksmund auch Teufelsmauer genannt – erinnern, der hier seinen Anfang nahm. Genau besehen sind wir bereits seit dem Donauufer dem Verlauf des Rätischen Limes gefolgt, dessen Reste sich zumeist etwa 1 m unter der Oberfläche verbergen. Das bekannte Auxiliarkastell Eining liegt in etwa 4 km Entfernung schräg gegenüber am südlichen Ufer der Donau. Es markierte und sicherte den Übergang vom „nassen" (= Donau) zum „trockenen" Limes. Der Obergermanisch-Rätische Limes erstreckte sich vom Rhein nördlich von Andernach über 550 km bis nach Eining an der Donau. Er bildete eine Art befestigte Demarkationslinie zwischen den römischen Provinzen Obergermanien und Rätien und dem sog. „freien" Germanien. Mit ihrem Ausbau wurde zur Zeit Kaiser Domitians um 81–96 n. Chr. begonnen. Entlang der Strecke fand man bisher Hinweise auf etwa 900 Wachposten und 120 größere und kleinere Kastellplätze. Als Rätischen Limes bezeichnet man ihren östlichen Teil mit einer Länge von etwa 160 km, beginnend im Rotenbachtal bei Schwäbisch Gmünd und endend hier an der Donau beim Kastell Abusina = Eining. Im Gegensatz zum westlichen Teil (= hölzerne Palisade, Spitzgraben, Wall) wurde der Rätische Limes in der Regierungszeit des Kaisers Caracalla um 213 mit einer bis zu 3 m hohen Mauer befestigt. Um 167–180 durchbrachen Markomannen und andere Stämme die Donaugrenze, worauf die III. Italische Legion zum Schutz der Provinz Raetia an die Donau verlegt wurde. Die etwa 6000 Mann starke Truppe bezog 179 das etwa 25 Hektar große Legionslager Castra Regina = Regensburg. Mehrere verheerende Vorstöße der Alamannen erzwangen 259/60 die Aufgabe des Landes zwischen Limes und Donau und den Rückzug auf ihr Südufer. Die Donau blieb nun bis zum 5. Jh. die Nordgrenze des römischen Imperiums zu den Germanen. Am 15. Juli 2005 wurde der Obergermanisch-Rätische Limes als Bodendenkmal in das Weltkulturerbe der UNESCO aufgenommen.

Nachbau eines römischen Signalturms

nach rechts und wenden uns sofort wieder bergwärts (Straßenname „Am Limes"!). Hier mag dem aufmerksamen Beobachter über der Eingangstür eines Wohnhauses eine Jakobsmuschel auffallen, welche die Bewohner zur Erinnerung an ihre Pilgerfahrt nach Santiago und zum Schutz ihres Anwesens angebracht haben. Am Ende des Wohngebietes nimmt uns ein nach links führender Fußpfad auf, der die Fortsetzung der Limes-Trasse darstellt. Wir überqueren die Ortsverbindungsstraße nach Altmannstein und gehen auf einem Feldweg in einem Bogen zuerst nach links und dann nach rechts den Hügel hinauf. Hier verlassen wir vor Erreichen des Waldrandes den Limes. Wir wenden uns stattdessen scharf rechts und folgen dem Feldweg über die Hügelkuppe. Danach geht es gemächlich am Hang entlang abwärts. Wir durchqueren zuerst eine Streuobstwiese, passieren sodann eine große Linde mit Bildstock und können nun bereits die Häuser von Altmannstein vor uns erahnen. Nach Erreichen der Wohngebietsstraße halten wir uns links. Wir gehen am Eingang zur Burgruine Stein vorbei und weiter die immer steiler abfallende Burg-Stein-Gasse hinunter in den Ortskern von **Altmannstein**, den wir genau gegenüber der Pfarrkirche erreichen.

Michelsberg mit Befreiungshalle: Der den Eckpunkt des sog. Weltenburger Riffes bildende Michelsberg trägt auf seinem Plateau in beherrschender Lage, dem Wunsch des bayerischen Königs Ludwig I. entsprechend, die Befreiungshalle. 1842 hat Friedrich von Gärtner mit dem Bau begonnen. Nach v. Gärtners Tod wurde die Planung durch Leo v. Klenze umfassend geändert. Die Fertigstellung des mächtigen, turmartigen Denkmalbaues zur Erinnerung an die Befreiungskriege gegen Napoleon zog sich bis 1863 hin.

Dieser Bergsporn zwischen Donau und Altmühl war jedoch schon seit Urzeiten besiedelt. In dem ganzen Gebiet finden sich Siedlungsspuren und Reste der Befestigungsanlagen des keltischen Oppidums Alkimoennis, welches ein bedeutender Herrschaftsmittelpunkt gewesen sein muss. Alte Gruben, Meilerstellen und Schlackenhalden belegen den kontinuierlichen Abbau und die Verhüttung von Eisenerz von der Keltenzeit bis in das Hochmittelalter.

Klösterl: So heißt die unter einem Felsdach eingebaute Klause, die seit 1450 abwechselnd von Eremiten bewohnt oder von Franziskanermönchen als Kloster mit Namen Trauntal benutzt wurde. Die Säkularisation machte dem Klosterleben und der kleinen Wallfahrt, die sich dort entwickelt hatte, ein Ende. 1880 wurde im Klösterl eine Gastwirtschaft eingerichtet, die erst in jüngerer Zeit in eine Art Dornröschenschlaf verfiel.

Kloster Weltenburg: Die Benediktinerabtei Weltenburg gehört zu den bayerischen Urklöstern. Gegründet vermutlich um 617 durch gallische Mönche aus Luxeuil, übernahm das Kloster im 8. Jh. die Regel des hl. Benedikt. Das Kloster erlebte ein sehr wechselvolles Schicksal, überstand jedoch alle Bedrängnisse bis heute. Die große Zeit kam in der ersten Hälfte des 18. Jh. mit dem Amtsantritt von Abt

Auf dem Rätischen Limes

Maurus I. Bächl. Ihm gelang es, die Lage des Klosters nachhaltig zu verbessern. In seiner Amtszeit wurden u. a. die Klostergebäude und als Glanzstück die berühmte spätbarocke Abteikirche St. Georg und St. Martin errichtet. Die Baupläne und die Fresken stammen von Cosmas Damian Asam, der dekorative Stuck und die Stuckplastik von seinem Bruder Egid Quirin. Das Deckenfresko der kleinen Abteikirche mit ihrem ovalen Grundriss scheint durch die eingezogene Lichtzone geradezu unter der Decke zu schweben. Von großer Dramatik ist die Gestaltung des Hochaltares: Das Presbyterium ist im Gegensatz zum Gemeinderaum durch mehrere Fenster hell ausgeleuchtet. So entsteht am Übergang ein Lichttor, durch das der hl. Georg hoch zu Ross reitet. Das Deckenfresko stellt den Heiligenhimmel dar mit Maria im Zentrum in Erwartung ihrer Krönung. Darunter hat Egid Quirin seinen Bruder Cosmas Damian als Halbfigur mit Allongeperükke dargestellt, die sich unter dem Fresko über die Galerie beugt. Er selbst hat sich über seinem Bruder verewigt. Heute widmet sich die Abtei der Seelsorge und der Erwachsenenbildung mit eigenem Gästehaus. Als wirtschaftliche Grundlage betreibt sie eine eigene Landwirtschaft und nicht zuletzt die Klosterbrauerei, deren hochgeschätztes Bier man im Biergarten im Innenhof des Klosters probieren kann.

Altmannstein: Markt und Burg Altmannstein waren seit dem hohen Mittelalter im Besitz der bayerischen Wittelsbacher. Die Burg wurde im 30-jährigen Krieg durch die Schweden zerstört. Größter Sohn des Marktes ist (Franz) Ignaz Günther, einer der berühmtesten Bildhauer des bayerischen Rokoko. Sein lebensgroßer, erst vor kurzem perfekt restaurierter Kruzifixus, der jetzt im Chorschluss angebracht ist, zieht in der Pfarrkirche Hl. Kreuz sofort die Blicke auf sich. Die im Kruzifix verborgene Stiftungsurkunde wurde erst 1909 entdeckt: „Dises CrusiVix gemacht, Und gefast Und hergeschenckt der KunstReiche Herr Franz Ignaty gündter Bilt Hauer in München gebürdtiger schreiners son alhier in altmannstein, anno 1764, Den 29 abrill". Zur Innenausstattung der Kirche gehören u. a. ein Christus an der Geißelsäule, ein hl. Sebastian und vier Reliefs mit den Darstellungen der Evangelisten, alle wohl von Johann Georg Günther, dem Vater von Ignaz Günther.

Hochaltar-Kruzifixus von Ignaz Günther

Altmannstein – Stammham 20,9 km

Die Landschaft, die wir auf unserer heutigen Etappe durchqueren, ist typisch für die Hochflächen der Fränkischen Alb: Wenn wir in Altmannstein erst den Talhang des tief eingeschnittenen Schambaches überwunden haben, geht es für den Rest des Tages ziemlich flach und gut beschattet meist durch große Wälder, unterbrochen nur durch eine landwirtschaftlich genutzte flache Senke. Der größte dieser Wälder ist der Köschinger Forst. Es versteht sich, dass die Jakobspilger früherer Zeiten solch große und dunkle Forste wo immer möglich gemieden haben, um sich nicht zu verlaufen oder – noch schlimmer –, um nicht überfallen zu werden. Heutzutage aber – tempora mutantur – muss der Pilger hingegen vor allem darauf achten, nicht überfahren zu werden. Allerdings hat es mit der Orientierung auch heute noch so seine Schwierigkeiten. Selbst Pfarrer Lorenz aus Altmannstein berichtete, er hätte sich zwischen Altmannstein und Santiago nur einmal verlaufen, und dies sei im Köschinger Forst gewesen. So können wir nur hoffen, dass die Markierungen dieses Mal weder durch sich für berechtigt Haltende, noch durch simple Vandalen, noch von Souvenirsammlern entfernt wurden. Dass wir hier noch gefährlichen Tieren, wie z. B. Wildschweinen begegnen, ist unwahrscheinlich, denn diese sind im Nordteil des Forstes eingegattert. Mitten im Forst liegt auf einer Rodungsinsel die Wallfahrtskirche von Bettbrunn. Und der Geburts-, Wohn- und Sterbeort der jüngst selig gesprochenen Anna Schäfer in Mindelstetten erfordert nur einen Umweg von 3,5 km.

Die heutige Etappe beginnen wir bei der Jakobsstele vor der Altmannsteiner Pfarrkirche. Sie wurde anlässlich der Einweihung des Ostbayerischen Jakobsweges am 25. Juli 2004 durch die Pfarrgemeinde Hl. Kreuz gestiftet. Nach einem kurzen Stück auf der Ortsdurchgangsstraße in Richtung Westen zweigt die schmale Straße „Am Prangerweg" nach links ab. Wir folgen ihr zügig bergauf bis an die Bebauungsgrenze, wo uns der Wald aufnimmt. Wir umrunden die Hangkante in einem Bogen nach links. Auf der Höhe erreichen wir bei einer Informationstafel wieder die Relikte der „Teufelsmauer". Unser Weg geht darüber hinweg und weiter quer durch den schönen Hochwald, bis er sich steil in einen Graben absenkt. An dessen Grund halten wir uns rechts am Fuße des Hanges entlang und weiter abwärts auf einem Waldweg, bis wir auf ein Forststräßchen treffen, dem wir ein kurzes Stück nach links aufwärts folgen. Bei einer Verzweigung – links geht es geradeaus nach Grashausen (wo das Hochaltarblatt der dortigen kleinen Kapelle neben anderen Heiligen auch den hl. Jakobus zeigt) – nehmen wir den rechten Ast und gehen den Hang hinauf zuerst in Serpentinen, schließlich ziemlich gerade weiter durch den Hochwald, bis wir auf die von Grashausen heraufkommende Teerstraße treffen. Auf ihr gehen wir nach rechts den Hügel hinunter, bis wir die Bundesstraße 299 erreichen, die sich schon lange vorher durch Verkehrslärm bemerkbar macht. Wir gehen jedoch nicht auf der Straße, sondern auf einem parallel verlaufenden Forstweg nach links entlang zum Waldrand.

Variante über Mindelstetten: Die B 299 wird von einem kombinierten Fuß-/Radweg begleitet, auf dem man nach etwa 2 km Mindelstetten erreichen kann, den Heimatort der seligen Anna Schäfer. Von dort kann man auf nicht markierten Ortsverbindungsstraßen über Hüttenhausen, Offendorf und Oberoffendorf zum Ostbayerischen Jakobsweg zurückgelangen. Insgesamt hat der interessierte Pilger im Vergleich zur Direktroute eine Mehrstrecke von etwa 3,5 km zu bewältigen.

Wir bleiben auf der direkten, markierten Route, überschreiten mit der gebotenen Vorsicht die Bundesstraße und gehen über die kleine Kuppe hinunter nach **Tettenagger**. Der Ort wird nur an seinem südlichen Ende berührt und sofort wieder in westlicher Richtung verlassen. Wenn wir nach einer kleinen Kuppe auf eine zum Radweg umgewidmete Bahntrasse treffen, wissen wir, dass wir richtig sind. Ein betonierter Wirtschaftsweg führt weiter bis zum Ortseingang von Oberoffendorf (in der kleinen Filialkirche St. Katharina wurde erst in neuerer Zeit eine Statue des hl. Jakobus d. Ä. im Nazarenerstil aufgestellt). Wir wenden uns bei der ersten Einmündung sofort nach rechts und gehen entlang eines Hopfengartens weiter bis zur Querung der Staatsstraße. Auch hier ist es empfehlenswert, auf sich schnell nähernde Fahrzeuge zu achten. Auf der gegenüberliegenden

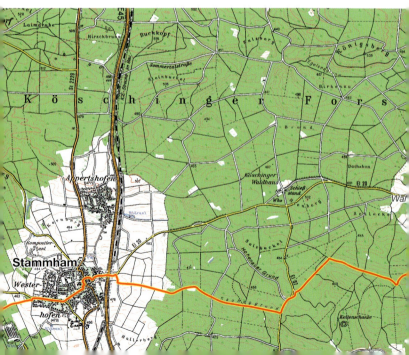

Straßenseite steht eine solitäre Birke. Hier betreten wir das als **Köschinger Forst** bezeichnete große, geschlossene Waldgebiet. Wir gehen zunächst auf der Forststraße nach links bis zum Waldrand und dann nach rechts an diesem entlang, bis uns der Wald aufnimmt. Auf bequemen Forststraßen geht es leicht links haltend an der Andeutung eines Hanges entlang. Dann wird ein flaches Tal mit den Resten eines kleinen Feuchtgebietes durchquert. Nach einem leichten Bogen nach rechts treffen wir schließlich auf eine Verzweigung vor einem markanten Baum, bei der wir uns an die rechte, deutlichere Spur halten. Auf Höhe einer Bodenwelle nehmen wir den Fußpfad nach links. Nach etwa 100 m kommt eine Bildtafel mit einem kleinen Bänkchen davor, die uns bestätigt, dass wir auf dem richtigen Weg sind. Weiter geht es bis an den Waldrand, von wo sich ein schöner Blick auf den kleinen Ort **Bettbrunn** mit dem hochragenden Turm der Wallfahrtskirche St. Salvator auftut. Feldwege führen direkt auf den Ort zu.

Jakobsstatue in Oberoffendorf

Wir verlassen Bettbrunn beim Pfarrhof in südlicher Richtung auf einer ziemlich breiten Sandstraße. Am Waldrand bleiben wir nicht auf dieser Straße, die geradeaus weiter nach Oberdolling führt, sondern

wir wählen die Abzweigung nach rechts. Sie führt in den Wald hinein, über eine kleine Erhebung hinweg und rechter Hand an einer Kapelle vorbei. Im Talgrund befindet sich schließlich linker Hand ein Wegkreuz. Dort nehmen wir die nach rechts ansteigende Forststraße. Auf der Höhe angelangt, gehen wir am linken Rand einer Fichtenschonung entlang. **Achtung!** Bei erster Gelegenheit müssen wir scharf nach rechts abbiegen (geradeaus steht links vor uns der markante Rest eines dürren Baumes). Wir gehen an der Schonung entlang und ignorieren den rechten Ast der folgenden Abzweigung, sondern lau-

Weg durch den Köschinger Forst

fen auf einer Abfolge von Forstwegen ziemlich geradeaus immer weiter, bis wir auf eine Verzweigung stoßen, an der voraus wiederum ein ziemlich großer Baum steht. Wir nehmen nicht den rechten, sondern den linken, talwärts führenden Weg und kommen nach einer Weile auf die nach Kösching führende Staatsstraße. Wir gehen an der Straße entlang einige 100 m nach links, wobei es sich empfiehlt, auf gelegentliche, die Kurven sehr eng nehmende Schnellfahrer vorbereitet zu sein. Am tiefsten Punkt der Straße biegen wir nach rechts in eine Forststraße ein, die uns durch den Sauheggrund über mehrere Wegkreuzungen hinweg geradewegs an den westlichen Rand des Köschinger Forstes bringt. Nach der letzten Kreuzung verwandelt sich die Forststraße in einen verwachsenen Waldweg, der in einem Bogen zuerst nach links, dann nach rechts aus dem Wald hinausführt. Über freies Feld geht es auf einem Feldweg auf die Autobahn und das dahinter liegende Stammham zu. Der Kirchturm kann uns dabei als Peilmarke dienen. Begleitet vom ununterbrochenen Verkehrsrauschen wenden wir uns nach Passieren einer Heckenzeile nach rechts, um kurz darauf links auf die Unterführung der BAB zu stoßen. Wir folgen auf dem Gehsteig der von Bettbrunn herkommenden Straße in die Ortsmitte, die wir beim Gasthof „Lukas" erreichen. Gegenüber steht die Pfarrkirche St. Stefan.

Bettbrunn: Das Hostienmirakel wird 1430 zum ersten Mal schriftlich erwähnt. Es nimmt Bezug auf einen Vorfall von 1125, demzufolge ein Schafhirte unachtsamerweise eine Hostie zu Boden fallen ließ und sie nicht mehr aufheben konnte. Die Hostienwallfahrt wird als älteste in Bayern betrachtet. Sie erfreute sich insbesondere in der Zeit der Gegenreformation, aber auch bis in die Neuzeit der besonderen Fürsorge des Hauses Wittelsbach. Eine Salvator-Schnitzfigur wird 1329 bei einem Brand gerettet und wird zum Wallfahrtsbild – jetzt im Hochaltar über dem Tabernakel. Vom gotischen Bau sind Chor und Turmunterbau erhalten. Die Wandpfeilerkirche auf rechteckigem Grundriss mit gerundeten Ecken ist eine der spätesten und reifsten Leistungen des süddeutschen Rokoko. Die Deckenfresken von Christian Zink illustrieren die Wallfahrtsgeschichte. Die Kirche weist eine reichhaltige Ausstattung mit fünf Altären auf. Im Chor findet sich eine große Sammlung von Votivkerzen; die älteste ist datiert von 1378.

Wallfahrtsbild

Stammham – Eichstätt 27,0 km

Auch auf dieser Etappe bewegen wir uns zumeist auf naturhartem Untergrund über eine relativ ebene Hochfläche – und wieder häufig durch Wald. Das dazwischen liegende Land ist Bauernland. Bevor wir bei Pfünz das Tal der Altmühl erreichen, dem wir bis Eichstätt folgen werden, treffen wir nur in Böhmfeld auf einen größeren Ort.

Auch diese Etappe beginnen wir vor der Pfarrkirche. Wir gehen am von Lindenbäumen umstandenen Parkplatz die schmale Straße hinunter, an deren Ende uns ein Fußweg aufnimmt. Es geht zwischen einigen Wohnhäusern hindurch und am Ende kommen wir auf der Westerhofener Straße heraus. Dieser Straße folgen wir nach rechts über einige Kreuzungen hinweg bis ganz an ihr Ende. Quasi durch den Hinterhof des Gasthofes „Ortner" treten wir nach links hinaus auf die Römerstraße. Hier wenden wir uns wieder nach rechts. Wir befinden uns jetzt im Ortsteil Westerhofen. Die Straße geht in einem leichten Linksbogen um die im Kern aus dem 12. Jh. stammende Filialkirche St. Martin herum, um dann geradeaus nach Westen auf das Ortsende zuzulaufen. Am linken Straßenrand passiert man einen unauffälligen Kinderspielplatz. Auf diesem Gelände wurden bereits 1856 die Überreste eines großen römischen Gutshofes (villa) entdeckt. Das

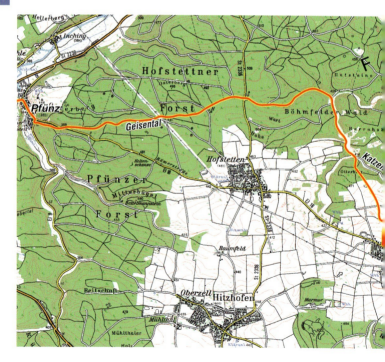

Prachtstück der Ausgrabung war ein Mosaikfußboden, der sich heute in der Prähistorischen Staatssammlung in München befindet. Beim Verkehrskreisel verlassen wir die Autostraße und halten uns halblinks am Tennisplatz vorbei in Richtung Westen auf das nächste große Waldgebiet zu. Wir bleiben auf einem bequemen Waldweg, bis wir auf die geteerte Staatsstraße Schelldorf – Wettstetten treffen. Diese Straße benützen wir für etwa 250 m nach links, um sodann auf der Gegenseite wieder in den Wald einzutreten. Ab hier empfiehlt es sich, etwas auf die Wegführung zu achten. Wir gehen zunächst in einem großen Bogen nach links durch den Wald. Der Weg steigt nach einer Lichtung am Ende plötzlich für wenige Höhenmeter an und läuft direkt auf eine Höhenkante zu, hinter der sich eine Schonung auftut. Hier biegen wir links ab und gehen rechts um dieses lichte Waldstück herum. Wo es zu Ende ist, sehen wir vor uns ein großes Brennnesselfeld mit einer Eiche darin und einem kleinen Weiher daneben. Hier wenden wir uns nach links, den Wald verlassend, in Richtung auf das freie Feld vor uns, mit dem kleinen Ort Echenzell in der Ferne. Echenzell ist jedoch **nicht** unser nächstes Ziel. Bei der ersten Kreuzung biegen wir nach rechts ab und gehen zuerst an einer bebuschten Böschung und dann wieder ein Stück am Waldrand entlang. Für einen Feldweg ungewöhnlich direkt führt uns diese Trasse über Höhenkuppen und ein kleines Tälchen hinweg direkt auf **Böhmfeld** zu. Am Ortseingang wird unser Verdacht bestätigt: Unsere Straße in den Ortskern heißt „Römerstraße". Der Weg benützt tatsächlich

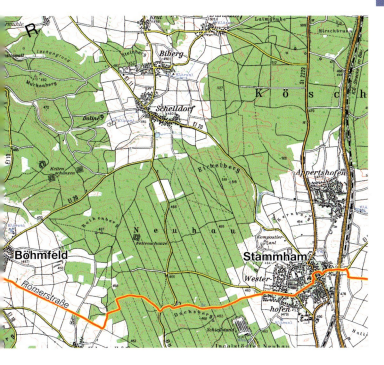

wieder eine alte Römerstraße, die einst im Hinterland des Limes die beiden Kohortenkastelle von Kösching und Pfünz miteinander verband. Böhmfeld hat eine gut entwickelte Infrastruktur, sodass man hier leicht etwaige Bedürfnisse erledigen kann. Wir gehen auf der Hauptstraße durch den Ort – vorbei an der linker Hand auf der Böschung stehenden Kirche St. Bonifatius –, bis sie an einer Verzweigung endet. Hier wenden wir uns nach links in die Hofstetter Straße. Nach wenigen 100 m – beim Kotterhof, einem schön restaurierten Juragehöft – biegen wir vor einer Eiche nach rechts auf einen Feldweg ein und gehen zwischen zwei Bauernhöfen hindurch in das kleine Tal hinab. Unser nächstes Ziel ist das Katzental, dem wir nun auf Feldwegen über freies Feld halblinks voraus (oder präziser in nord-nord-westlicher Richtung) zustreben. Einzige Orientierungspunkte sind anfangs eine Streuobstwiese, an der wir vorbeikommen, sowie später ein eingezäuntes Gartengrundstück. Wo der Wald beginnt, fällt der Weg in einem Bogen nach rechts ins **Katzental** ab. Weitab von Verkehr und Bebauung folgen wir dem gewundenen Verlauf des Tales nach Westen.

Variante: Wo nach links ein Seitental abzweigt, besteht die Möglichkeit, einen Umweg in Richtung West-Süd-West über Hofstetten mit seinem Jura-Bauernhof-Museum zu machen. Danach kann man wieder auf den Ostbayerischen Jakobsweg zurückkehren. Die Mehrstrecke beträgt im Vergleich zur markierten Strecke etwa 2,5 km.

Das Tal wendet sich schließlich in einem engen Bogen nach Norden und unser Wiesenweg endet an einem Forststräßchen. Dort halten wir uns links und steigen durch den Wald zügig aus dem Tal heraus. Wir überqueren die Staatsstraße Gungolding – Hofstetten und gehen

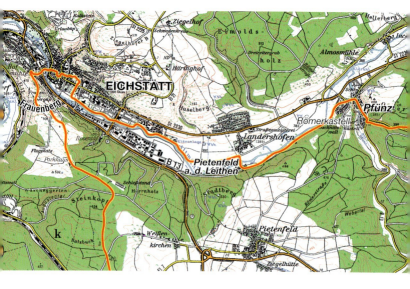

Katzental bei Böhmfeld

weiter geradeaus durch den Hofstettner Forst, bis wir bei einem großen Gittermasten auf eine quer verlaufende Stromtrasse treffen. Es geht über die Trasse hinweg, gegenüber durch das **Geisental** hinunter, bis wir, aus dem Wald heraustretend, vor der Staatsstraße nach **Pfünz** stehen. Wir überschreiten die Straße und gehen auf einem Waldweg am Waldrand entlang. An der Ortsgrenze von Pfünz kehren wir zur Straße zurück, da sie von nun an von einem Gehsteig begleitet wird.

Wir gehen in den Ort hinein und halten uns dann links, um am Ortsende in den offenbar beliebten, schattigen Waldweg am Südufer der Altmühl einzubiegen. Teils auf dem Sträßchen, teils auf den parallel laufenden Fußpfaden am Fluss entlang wandern wir bis zum Weiler **Pietenfeld an der Leithen**. Dort überqueren wir die Altmühl in Richtung auf das Dorf Landershofen, welches wir jedoch nicht betreten. Wir biegen vorher beim Fußballplatz nach links auf einen Betonweg ein, der uns über freies Feld nach **Eichstätt** bringt. Bei der Kläranlage wechseln wir auf einen Fußpfad, der mehr oder weniger dicht am Ufer der Altmühl entlang in die Stadt hineinführt.

Wir unterqueren die Brücke über die Universitätsstraße und gehen danach rechts über die Uferwiesen auf die Gebäude der Universität zu, wo ein Durchgang zum benachbarten Hofgarten frei geblieben ist. Wieder stoßen wir auf eine „Römerstraße". Gegenüber sehen wir bereits das Kapuzinerkloster mit seiner Kirche zum Hl. Kreuz und zum Hl. Grab. Vom Kircheneingang aus gesehen wenden wir uns nach rechts und gehen an der Längsmauer des Ostfriedhofes entlang bis zum Kardinal-Preysing-Platz. 100 m weiter nördlich befindet sich in der ehemaligen Klosterkirche Notre Dame das **Informationszentrum des Naturparks Altmühltal**. In der Platzmitte führt ein Durchgang für Fußgänger durch einen bebauten Block zur Luitpoldstraße, auf welcher wir links herum das bischöfliche Palais umgehen. Damit haben wir den Bezirk um den Dom erreicht.

Eichstätt

Der Dombezirk von Eichstätt

Die Siedlungsgeschichte Eichstätts reicht bis in die Kelten- und Römerzeit zurück. Der Angelsachse Willibald gründete hier 734 ein Benediktinerkloster, das 744/45 durch Bonifatius zum Bischofssitz erhoben wurde. Ab dem 14. Jh. entwickelte sich Eichstätt zum Fürstbistum bei weitgehend geregelter Selbstverwaltung der Bürgerschaft; 1806 fiel es an Bayern. Eine hohe Zeit kam für Eichstätt im 14. und 15. Jh. Im 30-jährigen Krieg durch die Schweden fast völlig zerstört, entstand es in der Folgezeit als vornehmer geistlicher Fürstensitz neu. Das Stadtbild ist geprägt durch die beschwingten Barockbauten des aus dem Tessin stammenden Hofbaumeisters Gabriel de Gabrielis. Die Bedeutung Eichstätts als religiöses Zentrum eines Bistums, als politischer Mittelpunkt eines flächenmäßig großen Landkreises und als Standort einer kleinen, aber rührigen Universität ist auch heute noch wesentlich gewichtiger, als es die bloße Betrachtung seiner Einwohnerzahl (ca. 14.000) erwarten ließe.

Katzental: Der flache Talgrund des Katzentales ist mit Gras bewachsen, die felsigen Hänge sind mit Büschen und Magerrasen bedeckt. Sie sind Rückzugsgebiet seltener Pflanzen, wie z. B. der Küchenschelle und der Bergaster, und bekannt für ihren Reichtum an Schmetterlingsarten. Das Trockental wurde einst durch einen Nebenfluss der Urdonau ausgeschürft, die einige Kilometer weiter nördlich durch jenes Tal floss, in welchem jetzt die Altmühl mäandert. Als sich der Jura hier hob und sich der Lauf der Donau deshalb nach Süden verlagerte, muss auch der Wasserlauf in den Dolinen und Klüften versickert sein, die das Wasser aus dem Kalkgestein herausgelöst hatte.

Pfünz: Auf dem Hügelsporn oberhalb des Ortes lag das bedeutende römische Kohortenkastell Vetonianis, das zur rückwärtigen Sicherungslinie des 10 km weiter nördlich vorbeiziehenden Limes gehörte und zudem Mittelpunkt eines Straßensternes mit nicht weniger als acht Verbindungen war. Auf den ausgegrabenen Fundamenten wurden das Nordtor sowie weitere Gebäudeteile rekonstruiert.

Eichstätt

Kirche zum Hl. Kreuz und zum Hl. Grab: Dieses Kloster hat eine wechselvolle Geschichte und birgt zudem eine architektonische Kostbarkeit. Es wurde um 1148/49 gegründet und den irischen „Schotten"-Mönchen von St. Jakob zu Regensburg übergeben, die es mit Hospiz und Herberge für die Wallfahrer und Pilger ausstatteten. Die ursprüngliche romanische Kirche war ein Zentralbau, der im Innern eine verkleinerte Nachbildung des Heiligen Grabes von Jerusalem barg. Da das Kloster jedoch wirtschaftlich nicht prosperierte und offenbar sowohl die Wallfahrt zum Hl. Grab als auch die zu einem Partikel des Kreuzes Christi nicht richtig erblühte, wurde es bereits Mitte des 15. Jh. mehr oder weniger aufgegeben. Zu allem Überfluss wurde

Nachbildung des Hl. Grabes

es im Schmalkaldischen Krieg 1552 von sächsischen Truppen geplündert. 1625 übernahmen die Kapuziner den Ort und erfüllten ihn bis heute wieder mit monastischem Leben. Sie erbauten die Kirche neu in der typischen Form einer frühbarocken Bettelordenskirche. Die Hl.-Grab-Kapelle wurde zwar versetzt, jedoch wieder in den Neubau inkorporiert. Neben der um 250 Jahre jüngeren Hl.-Grab-Kapelle zu Görlitz repräsentiert das Eichstätter Hl. Grab als einziges den Zustand des Jerusalemer Originals im hohen Mittelalter.

Dom St. Salvator, U. L. Frau und St. Willibald: Der Dom ist in seinem Kern eine spätgotische Halle mit Querhaus aus dem 14. Jh., dem durch Gabriel de Gabrielis 1716–1718 die barocke Westfassade vorgehängt wurde. Aus der umfangreichen und qualitätvollen Ausstattung sei nur auf die „Buchenhüller Madonna" am südlichen Querhauspfeiler hingewiesen – die am meisten verehrte Madonnendarstellung des Domes – im „Weichen Stil", um 1430. Der Westchor wird durch den Willibaldaltar abgeschlossen, in dem die Marmorurne des hl. Willibald beigesetzt ist. Die Rückseite nimmt seine ausdrucksstarke Sitzfigur ein; eines der bedeutendsten Werke der Renaissance in Deutschland, geschaffen 1514 nach gängiger Meinung von Loy Hering, möglicherweise aber auch durch Gregor Erhardt.

Wenn man den Dom durch den östlichen Ausgang neben der Sakramentskapelle verlässt, gelangt man in das spätgotische Moratorium, eine weiträumige Doppelhalle mit Netzgewölbe über einer variabel gestalteten Stützenreihe, darunter die prächtigste am südlichen Ende, die sog. „Schöne Säule". Gleich bemerkenswert sind die Glasfenster der Ostwand, signiert von Hans Holbein d. Ä.

Domschatz- und Diözesanmuseum: Die wertvollste unter dessen Preziosen ist das Fingerreliquiar des hl. Jakobus d. J.

Benediktinerinnenabtei St. Walburg: Die Abtei liegt geschützt innerhalb der Nordwestecke der alten Stadtmauer.

Fingerreliquiar des hl. Jakobus d. J.

Der Bau geht auf die ursprüngliche Hl.-Kreuz-Kirche zurück, in die im 9. Jh. die Gebeine der hl. Walburga, der Schwester Willibalds, überführt wurden. 1035 wurde das Kloster gegründet. Das klösterliche Leben erlosch auch nach der Säkularisation nicht völlig. König Ludwig I. widerrief 1835 die formelle Aufhebung. Die Entwicklung des Klosters war im 19. Jh. von der Erziehungs- und Bildungsarbeit sowie vom Aufbau mehrerer Niederlassungen in den USA geprägt. Heute arbeiten die Benediktinerinnen noch immer im Kindergarten und in der Grundschule. Sie besticken Paramente, produzieren einen Kräuterlikör und betreiben ein sehr schönes Gästehaus (!). Die Klosterbibliothek ist eine der wenigen, die die Säkularisation unbeschadet überlebt hat.

Die frühbarocke Kirche mit der Gruftkapelle der hl. Walburga stammt von dem Graubündner Baumeister Martin Barbieri. Auch heute noch ist die Ruhestätte der hl. Walburga das Ziel zahlreicher Wallfahrten. Manche Pilger erwerben das rare „Walburgisöl", ein Kondensat, das sich regelmäßig in der Gruft unterhalb des Reliquienschreines ansammelt. Von dessen wundertätiger Wirkung künden zahlreiche Votivtafeln.

Die **Willibaldsburg**, langgestreckt auf einer Bergzunge südwestlich der Stadt gelegen, zählte zu den beeindruckendsten Fürstenbauten der Renaissance in Deutschland, um 1600 gestaltet von keinem Geringeren als dem Augsburger Baumeister Elias Holl. Die noch immer eindrucksvollen Reste beherbergen heute ein paläontologisches und archäologisches Museum von überregionaler Bedeutung.

Eichstätt – Rennertshofen 27,2 km

Noch immer befinden wir uns geologisch gesehen im Fränkischen Jura, den wir heute aber im Süden hinter uns lassen werden. Wieder steht uns als Erstes ein Aufstieg aus dem Tal der Altmühl bevor. Bei der Frauenbergkapelle haben wir aber das Schlimmste schon überstanden. Zumeist beschattet von großen Wäldern geht es auf naturhartem Untergrund ohne große Höhenunterschiede hinüber nach Bergen ins Tal der Schutter. Von dort aus überschreiten wir abschließend die flache, bewaldete Kuppe des Hainbergs hinüber in die Donauebene bei Rennertshofen.

Wir beginnen die heutige Etappe neben dem Dom beim Tourismusbüro und verlassen Eichstätt über die Spitalbrücke, überqueren die Bundesstraße B 13 und steigen die als Frauenberg bezeichnete schmale Gasse, die bald in einen Fußweg übergeht, hinauf zur Frauenbergkapelle. Nahe der Kapelle passieren wir die von dem jungen Eichstätter Bildhauer Raphael Graf gestaltete Jakobsstele aus Jurakalkstein, entsprechend seiner Bestimmung als Patron der Pilger mit einem ursprünglich beweglichen hl. Jakobus in der Nische. Die Marienkapelle auf dem **Frauenberg** ist ein Werk des Gabriel de Gabrielis. Auch hier hatte sich eine kleine Wallfahrt entwickelt. Die Kapelle ist auch heute noch in das religiöse Leben der Dompfarrei eingebunden. Jakobspilger können der Aufmerksamkeit der Familie Graf sicher sein (Pilgerstempel!), die die Kapelle betreut.

Wir verfolgen den baumgesäumten Kreuzweg hinunter bis zu einem kleinen Teersträßchen, das wir überschreiten. Dann geht es auf einem Fußpfad durch die Wiesen auf den Wald zu. Den kleinen Flugplatz lassen wir rechts liegen. Beim „Parkhaus" treten wir auf einer bequemen Forststraße in den Wald ein. Wenn wir linker Hand an der Einfahrt zum Schießstand vorbeikommen, biegt unser Weg nach Süden ein. Es geht ohne große Höhenunterschiede auf Forststraßen und Waldwegen immer weiter durch den Wald. Zwischendurch müssen wir am „Sulzbuck" eine in der Tat je nach Wetterlage etwas sulzige Wegstrecke bewältigen. Unvermittelt endet schließlich der Forst und wir stehen auf der die Orte Pietenfeld und Biesenhard verbindenden Staatsstraße. Wir

Jakobswegstele auf dem Frauenberg

halten uns rechts. Nach einigen 100 m überqueren wir eine Eisenbahnüberführung. Hinter der Brücke beginnt ein kombinierter Fuß-/Radweg, auf dem wir in einem weiten Linksbogen an dem ehemaligen bischöflichen Gut **Moritzbrunn** mit seiner profanierten Kapelle vorbeigehen. Dieser heute unscheinbare Ort war einst bis zur Vernichtung des Ordens eine Komturei der Templer. Wenn wir die Waldschneise erreicht haben, durch die die Autostraße verläuft, biegen wir von ihr nach links auf eine Forststraße ein. Von jetzt an queren wir ziemlich genau in südlicher Richtung und unbeirrt von mehreren querlaufenden Forstwegen zuerst den Adelschlager und dann den Biesenharder Forst. Unvermittelt treffen wir auf die Staatsstraße nach Nassenfels – und wieder verläuft diese Straße auf der Trasse einer ehemaligen Römerstraße, dieses Mal vom römischen Kastell von Nassenfels nach Weißenburg. Wir treten auf der anderen Straßenseite erneut in den Wald ein und verfolgen einen alten Waldweg weiter nach Süden, bis wir auf einen Forstweg treffen, der uns nach rechts zuerst den Hügel hinunter und dann nach links auf einer Forststraße aus dem Wald hinausbringt, bis vor die **Sichenfartmühle**. Vor uns tut sich ein flacher Talboden auf, durch den das unscheinbare Flüsschen Schutter fließt. Findige Geologen erkannten jedoch, dass sich gerade hier einstmals die Urdonau eine erste Abkürzung aus ihrem Urstromtal heraus in Richtung auf ihr derzeitiges Flussbett gesucht hatte. In westlicher Richtung sehen wir am gegenüberliegenden Talrand aus einer Mulde bereits den blockartigen Turm der Pfarr- und Wallfahrtskirche von Bergen herauslugen. Dies ist unser nächstes Ziel. Wir überschreiten den Mühlbach und gehen erst entlang des Hauptgerinnes der Schutter auf einem Feldweg flussaufwärts. Bei nächster Gelegenheit nutzen wir eine kleine Brücke, um am Talrand die Staatsstraße nach **Bergen** zu erreichen. Ihr folgen wir bis in das Ortszentrum.

Wir gehen vom Portal der Kirche aus über den Kirchplatz und biegen beim Hotel „Zum Klosterbräu" nach rechts in die aus dem Ort hinausführende Staatsstraße ab. Von dieser nehmen wir die letzte Ab-

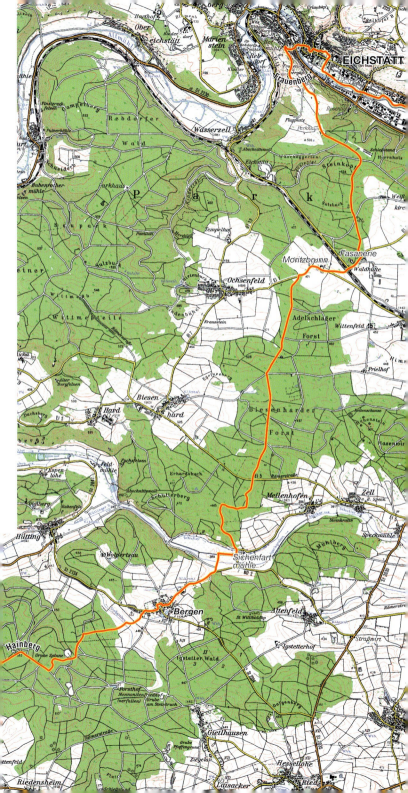

zweigung nach links. Die Wohnstraße geht bald in einen Feldweg über. Wir überschreiten einen Buckel, an dessen höchstem Punkt rechter Hand ein Wegkreuz steht, und halten uns bei der nächsten Verzweigung rechts und auf den Waldrand zu. Vor uns liegt das Waldgebiet um den Hainberg, das uns noch vom Tal der Donau trennt. Auf bequemen Forststraßen marschieren wir leicht ansteigend immer in westlicher Richtung, wobei wir quer verlaufende Wege geradewegs überschreiten. Auf der Höhe angekommen, benützen wir eine auf Lastwagenbreite ausgebaute Forststraße nur für ein kurzes Stück nach links. Bald biegen wir nach rechts ab. Völlig unerwartet treffen wir hier auf durch menschliche Aktivitäten stark verändertes Terrain: tiefe Gruben, hohe Aufschüttungen, renaturierte Waldflächen – das Abbaugebiet der sog. Neuburger Kieselerde. Bald geht es wieder zügig in einer weiten S-Kurve hinauf auf die Höhe. Dort mündet unser Weg in eine breitere, quer verlaufende Forststraße, der wir nach rechts bis zum höchsten Punkt des Hainberges (552 m) folgen. Er ist nur an seinem Straßenstern mit fünf Zuführungen und an dem dort platzierten Bauhof des Forstbetriebes zu erkennen. Wir gehen nach links um die Betriebsgebäude herum und dann fast schnurgerade immer bergab. Wir passieren eine neu erbaute, kleine Wegkapelle und kommen in der Nähe des **Gutes Siglohe** aus dem Wald heraus. Das Gut wird in seiner ganzen Länge durchquert. Am talseitigen Ende führt der markierte Weg auf der Fahrstraße nach rechts hinab ins Tal zum kleinen Ort **Mauern**.

Variante: Nach links verläuft das Sträßchen über die Hügelkuppe hinweg direkt auf Treidelheim und Hatzenhofen, einem Ortsteil von Rennertshofen, zu. Man kann diese Abkürzung nehmen, wenn man in Hatzenhofen oder Stepperg sein Quartier für die Nacht gefunden hat. Die Zahl der Übernachtungsmöglichkeiten um Rennertshofen herum ist sehr begrenzt. Eine Alternative ist das noch 2,5 km hinter Rennertshofen liegende Bertoldsheim. In der Hochsaison konkurriert man zudem mit den zahlreichen Radfahrern auf dem Donauradweg um die wenigen Betten.

Wo unsere Fahrstraße einen Rechtsbogen um eine bewaldete Kuppe macht, schlagen wir den direkten Weg talwärts über die Wiese ein. Neben einem alten Steinbruch treffen wir kurz vor Mauern wieder auf das Sträßchen. Wir überqueren die Staatsstraße und kommen danach im Ort an der Kirche Mariä Himmelfahrt vorbei, einem gotischen Bau, der Innenraum sparsam dekoriert im Stil des Rokoko. Aus einem der Freskenmedaillons an der Emporenbrüstung blickt der hl. Jakobus d. Ä. auf uns herab, ausgestattet mit allen seinen Pilgerattributen. Am tiefsten Punkt des Tales überschreiten wir den Sprößelbach in Richtung auf das Naturschutzgebiet Weinberghöhlen. Am Fuß des Hanges entlang folgen wir einem Wiesenweg nach Südwesten (also nach links). Bald sehen wir in Richtung auf **den Markt Rennertshofen** zu auf freiem Feld eine Scheune, die uns

Kirche des ehemaligen Benediktinerinnenklosters von Bergen

als Wegmarke dient und an der vorbei wir geradewegs den Ort ansteuern. Wir betreten die unmittelbare Ortsmitte über die Monheimer Straße bei einer kleinen Wegkapelle.

Bergen (lokal gesprochen „Baring"): Das bedeutendste Gebäude ist die Pfarr- und Wallfahrtskirche Hl. Kreuz des ehemaligen Benediktinerinnenklosters. Dieses lag auf dem Gebiet des 1505 neu geschaffenen Fürstentums Pfalz-Neuburg und verfiel damit der Reformation. Zwar bald wieder rekatholisiert, wurde das Kloster jedoch nie wieder revitalisiert. Jesuiten versuchten in der Zeit der Gegenreformation, die Wallfahrt zum Kreuzpartikel wieder zu beleben. Sie blüht in lokalem Rahmen bis heute. Die jüngst renovierte Kirche, ein ursprünglich als romanische Halle angelegter imposanter Bau, ist nach Wiederherstellung in der Gotik geprägt durch Umbauten des Spätbarock (G. D. Barbieri). Die zehn Deckengemälde nehmen Bezug auf die Kreuzlegende und die Kreuzverehrung. Die ab 1758 aufgestellten Altäre sind ein Werk des bekannten Johann Michael Fischer. Außen an den Chorapsiden befinden sich zahlreiche romanische Kopfkonsolen. Unbedingt besuchenswert ist die dreischiffige romanische Krypta samt Brunnen und mit dem dort ausgestellten Kreuzpartikelreliquiar. Das Kapitell der südöstlichen Säule weist – völlig ungewöhnlich – vier siebenfach gewundene Spiralen auf.

Neuburger Kieselerde: In dem Gebiet um den Hainberg wird seit langem – heute jedoch nur noch im Tagebau – die sog. Neuburger Kieselerde abgebaut. Wegen ihrer großen Härte und Feinkörnigkeit findet diese Mischung aus Quarz, Kieselsäure und Kaolinit vielfältige industrielle Anwendung. Die Kieselerde entstand vor etwa 70 Mill. Jahren in einer flachen Meeresbucht durch die mahlende Wirkung der Brandung. Die Verkarstung des Jura stellte die Vertiefungen bereit, in denen sich das Material später sammelte, und wo es schließlich durch nachsackende Erde überdeckt wurde.

Naturschutzgebiet Weinberghöhlen: Im Tal des heute unscheinbaren Sprößelbaches strömten bis zur vorletzten Eiszeit die vereinigten Wasser von Urdonau und Lech gemeinsam nach Norden hinüber in das Tal der heutigen Altmühl. Am westlichen Talhang sieht man schon von weitem die dunklen Öffnungen der sog. Weinberghöhlen. An diesem altsteinzeitlichen Fundplatz wurden vier wissenschaftliche Grabungskampagnen durchgeführt und dabei zahlreiche Artefakte geborgen, darunter eine als „Rote von Mauern" bekannte Frauenstatuette (im Museum). Die Höhleneingänge sind heute vergittert. Der gesamte Talhang mit seinen Magerrasen, Wacholderbüschen und Felsköpfen steht heute unter dem Namen Naturschutzgebiet Weinberghöhlen unter Schutz. Floristische Kostbarkeiten sind u. a. mehrere Enzianarten, die Küchenschelle und die Golddistel.

Bei der Einweihung des Jakobsweges in Eichstätt

Rennertshofen – Donauwörth 30,1 km

Die letzte Etappe auf dem Ostbayerischen Jakobsweg: Auch heute geht es nicht sehr anstrengend noch einmal über Felder, durch große Wälder und über flache Hügel hinweg. Dabei müssen wir nur kürzere Strecken auf Beton oder Asphalt laufen, meistens haben wir Feld- oder Forstwege mit naturhartem Untergrund unter den Schuhen. Das ehemalige Zisterzienserkloster Kaisheim ist der letzte Höhepunkt unserer Pilgerfahrt. Eine Variante des Jakobs-Pilgerweges von Bayerisch Schwaben schließt sich hier – von Harburg herkommend – unserem Weg an. Beide zusammen durchqueren schließlich noch den Donauwörther Wald und die Donauwörther Parkstadt. Während der Ostbayerische Jakobsweg in der Altstadt von Donauwörth endet, geht der Jakobsweg von Bayerisch Schwaben weiter nach Augsburg und darüber hinaus zum Bodensee. Das nächste große Ziel könnte dann Maria Einsiedeln in der Schweiz sein.

Von der kleinen Kapelle ausgehend (links geht es zum Marktplatz) halten wir uns rechts und verlassen über die Bertoldsheimer Straße den **Markt Rennertshofen** nach Westen. Wir überschreiten auf der Staatsstraße den kleinen Fluss Ussel. Bei der nächsten Gelegenheit biegen wir rechts ab und gehen geradeaus den Hügel hinauf. Auf halber Höhe biegen wir rechts ab.

Variante: Wer in Bertoldsheim übernachten will, kann genau an dieser Stelle auf dem betonierten Feldweg geradeaus weitergehen und er wird nach etwa 2 km seinen Zielort erreichen. Etwa dieselbe Distanz benötigt man, um am nächsten Morgen über die Ortsverbindungsstraße nach Neuhausen zu kommen und den Anschluss an die markierte Route zu finden; der gesamte Umweg beträgt nur etwa 1 km.

Die markierte Route geht durch eine kleine Depression hindurch und dann ziemlich steil den Hügel hinauf. Wo der betonierte Weg endet, fragt man sich vielleicht etwas ratlos, wie es nun über freies Feld weitergehen soll. Wären da nicht die hölzernen Masten der Stromleitung, die halbrechts voraus über den Hügel ziehen. Dieser Linie streben wir zwischen den Feldern zu und gehen an ihr auf einem bequemen Feldweg entlang. Nur an einer Stelle zackt unser Weg nach links über ein kleines Teersträßchen hinweg. Wenn der Feldweg scheinbar in einer Wiese endet, schlagen wir die Richtung auf einen riesigen Stromgittermasten ein, der halbrechts voraus am Rande eines steilen Tälchens steht. Da es weglos ist, sieht es aus, als wäre es als ein Naturhindernis zwischen den Regierungsbezirken Oberbayern und Bayerisch Schwaben gedacht, deren Grenze hier verläuft. Ausgehend von diesem Gittermasten wird das kleine Tälchen mit seinem zumeist trockengefallenen Graben durchquert. Auf der gegenüberliegenden Talkante steht bereits als nächster Orientierungspunkt wieder einer von mehreren hölzernen Strommasten, an denen wir als Nächstes entlanggehen. Leider unterbricht ein Feld den direkten Weg nach Neuhausen. Wir umgehen das Feld auf seiner Nordseite und berühren dabei kurz den Saum des Waldes. Dann streben wir dem kleinen Dorf zu, das wir auf ganzer Länge durchschreiten und auf der Teerstraße in Richtung Schweinspoint verlassen.

Auch **Schweinspoint** durchqueren wir von Ost nach West. Nach Erreichen der Staatsstraße schlagen wir links die Richtung nach Marxheim ein. Am Ortsende zweigt eine kleine Straße bergwärts nach rechts ab. Dieser folgen wir bis zum letzten Haus auf der rechten Straßenseite. Entlang des Gartenzaunes biegen wir nach rechts auf den Feldweg ein, der rasch sehr steil auf die Höhe hinauf führt, wo er wieder flacher wird. In der Generalrichtung Nordwest gehen wir immer weiter gemächlich bergauf, vorbei an einem Pumphäuschen und durch ein Wäldchen, hinter dem wir die unbefestigte Fahrstraße nehmen. Dieses Sträßchen ist ab hier mit stabilen Schildern als „Jura-Höhenweg" für Radfahrer ausgewiesen, was sehr hilfreich für unsere weitere Wegfindung ist. Bald verschluckt uns wieder der Wald. Vor dem Gebäude einer großen Pumpstation, mit deren Hilfe

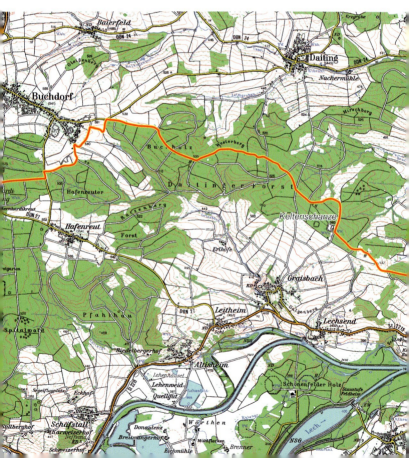

Wasser aus dem Donautal hinüber in die Fränkische Seenplatte gepumpt wird, stoßen wir auf eine quer verlaufende, relativ breite Forststraße, in die wir nach rechts einbiegen und auf der wir bis auf weiteres bleiben. Bei einer großen, landwirtschaftlich genutzten Lichtung halten wir uns links. Wir durchqueren in der Folge in nordwestlicher Richtung den Daitinger Forst in seiner ganzen Breite. Der Wald endet endlich als Erstes auf unserer rechten Seite. Schließlich stoßen wir auf die Staatsstraße Daiting – Buchdorf. Während der Jura-Höhenweg der Radwanderer direkt auf Buchdorf zuführt, biegen wir nach links ein und gehen auf einem Feldweg talwärts am Waldrand entlang. Nun ist wieder guter Rat teuer! Wie soll es auf freiem Feld weitergehen? Gegenüber auf der Höhe sehen wir die Ortsrandbebauung von Buchdorf. An deren linkem Ende steht eine Scheune mit einem Strommasten davor. Dies ist unsere Wegmarke. Auf Feldwegen zacken wir durch die Felder. Vor der Scheune biegen wir links ab und gehen auf einem Feldweg völlig flach auf den Waldrand zu. Wir betreten den Wald jedoch nicht, sondern gehen in einem Bogen nach rechts am Waldrand entlang. Als Nächstes treffen wir auf die Ortsverbindungsstraße nach Hafenreut, in die wir nach links einbiegen und auf der wir für etwa 100 m bleiben. Dann aber biegen wir

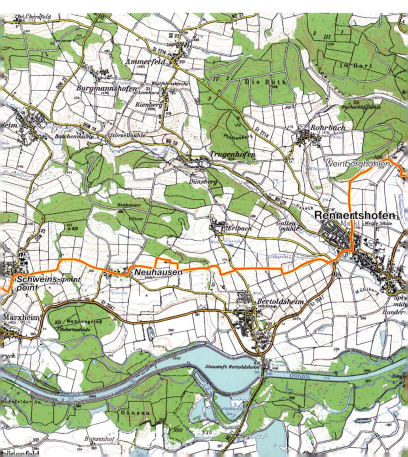

nach rechts auf eine Forststraße ein, die wie mit dem Lineal gezogen schnurgerade durch den Wald führt. An ihrem Ende machen wir einen Schwenk nach links und gleich darauf noch einen nach rechts. Nun befinden wir uns auf einem Fußpfad, der uns an der sog. Bernhardisiedlung entlang nach **Kaisheim** bringt. In ein Tälchen hinab und an einem Fischteich vorbei erreichen wir den inneren Ortsrand. Dort ist unser Ziel die ehemalige Zisterzienserabtei. Zur Kirche müssen wir etwa 200 m an der Klostermauer entlanggehen.

Von der Kirche kehren wir an die Stelle zurück, an der wir bei der Ankunft auf die Umfassungsmauer gestoßen sind. Von hier an ist unser Weg auch mit den Symbolen des Jakobus-Pilgerweges von Bayerisch Schwaben gekennzeichnet. Wir gehen rechts die Mauer entlang und an deren Ende geradeaus weiter den Berg hinauf. Rückblickend bekommt man den besten Eindruck von dem riesigen Geviert des ehemaligen Klosters. Auf der Höhe führen bequeme Forststraßen geradeaus durch den **Donauwörther Forst**. Schließlich macht

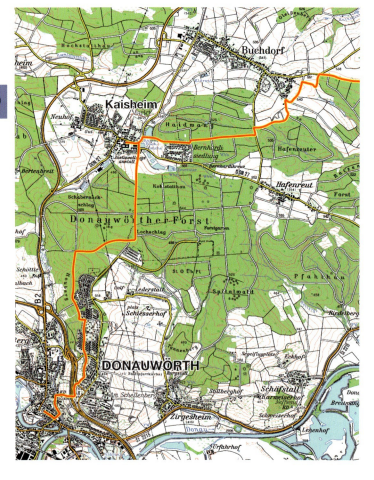

Forststraße eine Kurve nach rechts und man passiert ein Wegkreuz. Obwohl links ein breiter Weg aus dem Wald hinausführt, bleiben wir unserer neuen Richtung treu. Der Weg beginnt nun zu fallen. Bevor das Gefälle stärker wird, kommen wir an eine Wegkreuzung, wo wir links abbiegen müssen. Es geht noch über eine Depression hinweg. Nach einer Linkskurve kündigen sich linker Hand die ersten Wohngebiete der Parkstadt von Donauwörth an. Schließlich bleibt uns nur noch ein schmaler Fußpfad, der zwischen zwei Hausgärten links hinauf zum Deutschmeisterring führt. Wir gehen nun noch durch die Parkstadt hinunter zur Altstadt. Es folgen nacheinander der Dr.-Mathias-Samer-Ring und die Benno-Benedikter-Straße. Wo diese Straße in einer Linkskurve bergauf abdreht, nehmen wir einen schmalen Fußweg nach rechts, der uns aus dem Wohngebiet hinaus und über eine Wiese hinunter zur Umgehungsstraße bringt. Wir gehen auf einem Fußweg zwischen Straße und Freibad entlang, bis uns eine Fußgängerüberführung erlaubt, diese breite Straße zu überschreiten. Es geht weiter ziemlich steil zum Kalvarienberg hinunter und weiter bis in den Talgrund. Über die Promenade gelangen wir endlich zum Ochsentörl, wo wir die Altstadt betreten. Gleich dahinter befindet sich das Tourismusbüro der Stadt.

Schweinspoint: Der Ort Schweinspoint wird stark bestimmt durch das Behindertenwerk St. Johannes des Ordens der Barmherzigen Brüder mit seinen 300 Beschäftigten und über 900 Betreuten. Wir befinden uns auf dem Gebiet der Gemeinde Marxheim, wo die Sprachgebiete der bayerischen, schwäbischen und fränkischen Dialekte aufeinander stoßen, was diese Gemeinde linguistisch wie eine Miniaturausgabe Bayerns erscheinen lässt.

Kaisheim: Das Kloster hat eine große Vergangenheit, vergleichbar vielleicht nur mit dem Benediktinerkloster St. Emmeram zu Regensburg. 1133 holte das damals politisch einflussreiche Geschlecht der Grafen von Lechsgemünd-Graisbach die grauen Mönche vom Orden der Zisterzienser aus Lützel im Oberelsass und wies ihnen – typisch für den Orden – ein abgelegenes Bachtal zu. Der Konvent entwickelte sich rasch. Er wurde zum Weiterverbreiter der Zisterzienser-Ordensregel über fast ganz Süddeutschland. In Übereinstimmung mit dem scheinbaren Paradoxon – je strenger und asketischer die Ordensregel, desto erfolgreicher ist der Orden in der profanen Wirtschaft – prosperierte das Kloster besonders im 14. und 15. Jh., erstaunlicherweise gerade auch durch Handelsgeschäfte. Lange kämpfte die Abtei um die Reichsunmittelbarkeit, bis sie sie 1646 endgültig gewann. Am Ende wurde ihr jedoch ein trauriges Schicksal zuteil: 1802 säkularisiert und ihrer reichen Güter und Ausstattung verlustig gegangen, wurde sie vom bayerischen Staat zunächst militärisch besetzt, dann diente sie einige Jahre als Zentralkloster für die aufgelöste bayerische Ordensprovinz der Franziskaner (auch „Aussterbe-Kloster" genannt), schließlich wurde sie Zuchthaus und Justizvollzugsanstalt bis heute.

Blick auf Donauwörth

Die Klosterkirche Mariä Himmelfahrt, eine kreuzförmige Basilika im 14. Jh. im klassischen Stil der Zisterziensergotik erbaut, beeindruckt durch ihre schiere Größe und durch die elitäre Kühle ihrer Architektur. Der aufwändige Vierungsturm ist eine spätere Ergänzung. Die spätgotische Ausstattung, gestaltet von erstrangigen Künstlern der Zeit, ist leider verloren. Sie wurde in der Barockzeit durch opulente, kolossale Altäre ersetzt. An einem Langhauspfeiler befindet sich eine steinerne Madonna von 1360, an der nördlichen Seitenschiffwand ein hl. Rochus aus der Barockzeit, den man aufgrund seiner Attribute mit einem hl. Jakobus verwechseln könnte. Von der Innenausstattung der Klostergebäude hat sich nur der reich ausgemalte und stuckierte Kaisersaal von 1720 erhalten.

Donauwörth

Die Stadt Donauwörth ist im hohen Mittelalter aus einer ersten Siedlung auf einer Insel im Mündungsbereich der Wörnitz in die Donau hervorgegangen. Ab 1191 war sie wichtiger Donauübergang und Straßenknotenpunkt an der Verbindung Augsburg – Nürnberg und Regensburg – Ulm. 1301 wurde sie freie Reichstadt, jedoch noch oft verpfändet und umkämpft. Erst 1465 konnte der Status gesichert werden. Die konfessionelle Spaltung der Bürgerschaft endete 1607 mit der Verhängung der Reichsacht; bei der Rekatholisierung verließ die Hälfte der Bevölkerung die Stadt. Nach schweren Verlusten 1704 im Spanischen Erbfolgekrieg wurde Donauwörth 1714 endgültig bayerisch. Am Ende des Zweiten Weltkrieges wurde die Stadt zu 75% zerstört. Sie hat sich jedoch wieder gut entwickelt. So ist sie heute z. B. Standort einer Tochterfirma der EADS, die hier Hubschrauber baut.

Kath. Stadtpfarrkirche zu Unserer Lieben Frau: Die Kirche steht bestimmend inmitten der Reichsstraße. Der Ziegelbau von 1444 bis 1467 ist als spätgotische dreischiffige Staffelhalle angelegt. Besonders wertvoll sind die gotischen Decken- und Wandmalereien des 15. und frühen 16. Jh. Die Ausstattung ist teils neu, teils wurde sie aus Kaisheim übernommen.

Ehemaliges Benediktinerkloster Hl. Kreuz: Die Geschichte des Klosters, das am westlichen Rand der Altstadt im Wörnitzbogen liegt, geht bis auf das 11. Jh. zurück. Wie in Bergen löste eine aus Konstantinopel mitgebrachte Kreuzreliquie eine Wallfahrt aus, deren Förderung von Benediktinern übernommen wurde. Seit 1935 werden Kirche und Kloster von Herz-Jesu-Missionaren betreut.

Die heutige Wallfahrtskirche von 1717 bis 1722 ist ein typischer Bau der Wessobrunner Schule, verknüpft mit dem Namen der Schmuzer. Unter der Orgelempore befindet sich die Grabplatte von Maria von Brabant aus der Zeit um 1300. Sie war die Gemahlin von Herzog Ludwig II., dem Strengen, und wurde aufgrund einer irrigen Verdächtigung kurzerhand enthauptet. Die Gruftkapelle, zu der man auf einer Treppe hinuntersteigt, birgt eine Pieta vom Anfang des 16. Jh. An hohen Feiertagen wird hier das Kreuzpartikelreliquiar zur Verehrung ausgestellt.

Weiterweg in Richtung Santiago de Compostela

Der Weiterweg zum Nahziel Augsburg und zum Fernziel Bodensee führt ab Donauwörth über den Jakobsweg von Bayerisch Schwaben. Am Bodensee haben wir Anschluss an den sog. Schwabenweg durch die Schweiz. An ihm liegt als nächstes großes Pilgerziel Maria Einsiedeln.

Die tschechische Südvariante des Jakobsweges – für Radpilger

Von Prag über Pilsen zum Grenzübergang bei Všeruby / Eschlkam

198 km

Praha / Prag – Hořovice   66,0 km

Um Prag vom Zentrum aus in Richtung Süden zu verlassen, kann man prinzipiell beide Seiten der Moldau nehmen. Entweder man startet am orographisch linken Ufer auf der Kleinseite und quetscht sich zwischen Fluss, Eisenbahnlinie und Autobahn hindurch bis hinaus nach Radotín. Oder man fährt zunächst am rechten Ufer die Moldau aufwärts. Dann muss man nach Durchfahren des Stadtbezirkes Komořany die Moldau auf einer Brücke nach Zbraslav hinüber queren. Jedenfalls treffen beide Varianten am Ortsrand von Zbraslav bei der Autobahn aufeinander. Von Radotín aus kommt man dorthin, wenn man nahe der Kirche die Berounka auf einer Fußgängerbrücke überquert und auf dem Radweg nach Zbraslav fährt. Südlich des Berounka-Tales zieht sich der Brdy-Wald von Nordosten nach Südwesten durch ganz Mittelböhmen. Während die Fußpilger ihren Weg zuerst nach Süden in Richtung Příbram suchen und am Südrand des Mittelgebirgszuges entlanggehen, halten wir uns mehr westlich an dessen Nordrand mit Fernziel Pilsen.

So wie sich die Berounka durch ihr Tal schlängelt, so schlängelt sich unser Radweg seinerseits am Fluss entlang aufwärts. Kehren wir in **Černošice** zuerst auf das (orographisch) linke Ufer zurück, folgt als Nächstes **Všenory** auf dem rechten, dann **Dobřichovice/Lety** wieder auf dem linken und schließlich **Zadní Třebaň** wieder auf dem rechten Ufer. Dann machen wir in **Svinaře** durch das Ortszentrum einen Schlenker nach links. Etwas ansteigend geht es weiter auf der Straße Nr. 115 durch eine landwirtschaftlich genutzte Ebene mit einer Abfolge kleiner Dörfer. In **Vižina** halten wir uns halbrechts. Wir folgen nun zumeist Ortsverbindungsstraßen in den Tälern kleinerer Bäche und ohne nennenswerte Steigungen bewältigen zu müssen. Vor **Neumětely** überqueren wir den kleinen Fluss Chumava und in Lochovice die etwas größere Litavka. Lochovice verlassen wir in Richtung Süden, halten uns dann aber rechts weiter nach **Hořovice**. Dabei benützen wir die Straße Nr. 114.

Feuersteinstraße Prag – Regensburg

Am 11. Juni 2005 wurde in Pilsen eine neue Radstrecke Prag – Pilsen – Regensburg eröffnet. Die Strecke Prag – Regensburg wird mit gutem Grund auch als „Feuersteinstraße" bezeichnet, da dieses Hartmineral auf ihr schon in der Steinzeit von den Fundgruben südlich der Donau nach Böhmen transportiert wurde. Diese Route benützen auch wir. Sie trifft auf der bayerischen Seite der Grenze in Eschlkam auf den Ostbayerischen Jakobsweg für Radpilger. Die Markierungsarbeiten mit der schwarzen 3 auf gelbem Grund sind nahezu abgeschlossen.

Hořovice – Plzeň 58,0 km

Ist unsere heutige Etappe anfangs noch ziemlich flach, so wird sie hinter Strašice hügeliger, wobei sich Auf- und Abfahrten abwechseln. Komárov, Strašice und Rokycany sind die einzigen größeren Orte auf der Strecke.

Bis Komárov halten wir uns auf der Nr. 117. Dann geht es weiter südwärts nach Zaječov/Svatá Dobrotivá (St. Benigna), nach Těně und schließlich nach Strašice. Durch ein bewaldetes Tal fahren wir von hier aus weiter auf der Nr. 117 hinüber nach Dobřív. Dort wenden wir uns nach rechts in Richtung Nordwesten. Wir folgen dem Tal der Klabava, einem Nebenfluss der Berounka, nach Rokycany. In Rokycany suchen wir uns die Nr. 183, die nach Südwesten aus der Stadt führt. Hier geht es bergauf. Nach etwa 5 km zweigt nach rechts die Nr. 2127 mit dem Nahziel **Tymákov** ab. Wir bleiben auf dieser Straße bis **Letkov**. Abseits von unserer Route liegt 3 km südlich Starý Plzenec. Dort hat sich mit der St.-Peter-und-Paul-Rotunde aus dem 10. Jh. der älteste Kirchenbau in Tschechien erhalten. Von Letkov geht es nach **Božkov**, womit wir auch schon das Stadtgebiet von Pilsen erreicht haben. Etwa beim Bahnhof beginnt das Stadtzentrum.

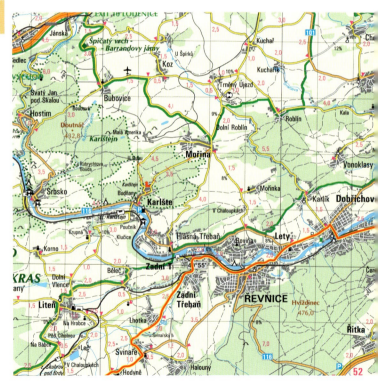

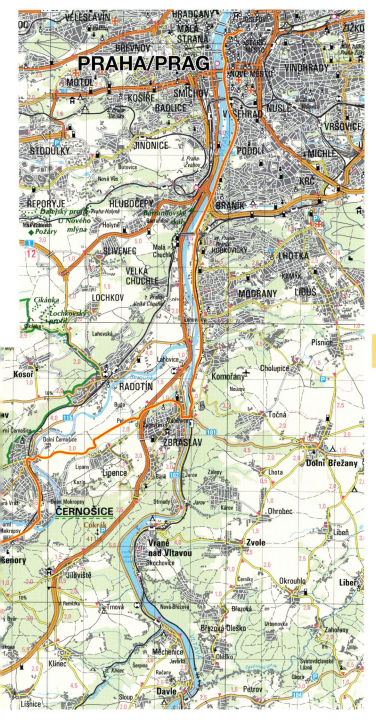

Dobřív: Dort befindet sich ein Museum von überörtlicher Bedeutung um einen 500 Jahre alten Eisenhammer.

Rokycany: Die ursprünglich gotische Kirche St. Georg wurde 1784 umgebaut. Der Kirchturm ist schon im Empire-Stil errichtet, was selten ist.

Plzeň (Pilsen): 1989 wurde das Stadtzentrum zur Stadtdenkmalzone erklärt mit dem Rathaus aus der Renaissance als Mittelpunkt der Stadt. Besonders sei auf die **Georgiuskirche** im Stadtviertel Doubrávka hingewiesen. Sie wurde unter dem heiligen Bischof Vojtěch (Adalbert) nach 992 errichtet und gehört zu den ältesten Bauten Böhmens in historischer Zeit. Die gotische **Bartholomäuskirche** dominiert den zentralen Platz der Stadt. Mit 102 m ist ihr Turm der höchste in Tschechien. Sie erhielt nach der Gründung des römisch-katholischen Bistums Pilsen im Jahre 1993 den Status einer Bischofskathedrale. Im Hochaltar befindet sich die Kalksteinstatue der sog. Pilsener Madonna von 1390 – eine der Archetypen der Madonnenstatuen im „Schönen Stil".

Auch das ehemalige **Franziskanerkloster mit der Kirche Mariä Himmelfahrt** ist von der Frühgotik geprägt. Es beherbergt heute das Dom- und Diözesanmuseum. Die Aufnahme der **St.-Barbara-Kapelle** mit ihren Fresken von 1460 in die Weltkulturerbe-Liste der UNESCO ist in Diskussion. Die **Große Synagoge** von 1894 mit ihrer markanten Doppelturm-Fassade wurde nach einer Unterbrechung von 1973 bis 1998 als jüdisches Versammlungs- und Gebetshaus wiedereröffnet. Sie ist bei Konzerten und Ausstellungen zugänglich.

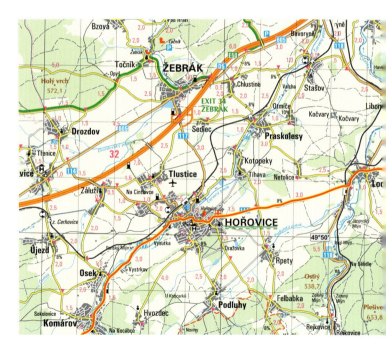

Pilsner Urquell

Wer würde nicht die günstige Gelegenheit nutzen, das berühmte Bier – genannt Pilsner Urquell – am Ort seines Entstehens zu kosten. Die Brautradition in Pilsen ist so bedeutend und reicht so weit zurück wie nur irgendwo in Europa. Jedoch war auch hier die Qualität nicht immer befriedigend. So wurden 1836 z. B. 36 Hektoliter Bier von schlechter Qualität vor dem Rathaus ausgegossen. Daraufhin beauftragte man den böhmischen Brauherrn Martin Stelzer, eine neue, moderne Bierbrauerei aufzubauen. Der holte sich den bayerischen Braumeister Josef Groll aus Vilshofen, der 1842 den ersten Sud eines Bieres nach neuer Brauart bereitstellte – ein gutes Beispiel geglückter bayerisch-böhmischer Zusammenarbeit. Dieser Biertyp von goldgelber Farbe wird fachgerecht als untergäriges Vollbier mit starkem Hopfenaroma bei höchstens 12,5 Prozent Stammwürzegehalt bezeichnet. Es ist ein Lagerbier und daher auch für den Export geeignet. Nach Meinung des Autors ist der typische volle bis malzige Geschmack auf das hier verwendete neutrale bis alkalische Wasser aus dem Urgestein zurückzuführen. Ähnliche Biere sind unter dem Namen Pils etc. zwar weit verbreitet, schmecken aber oft vergleichsweise rau, besonders wenn sie mit kalkhaltigem Wasser hergestellt werden.

Eine Brauereibesichtigung bei der Plzeňský Prazdroj und ein Besuch der Braugaststätte Na Spilce (Sudkeller) sind geeignete Unternehmungen für die sensorische Prüfung.

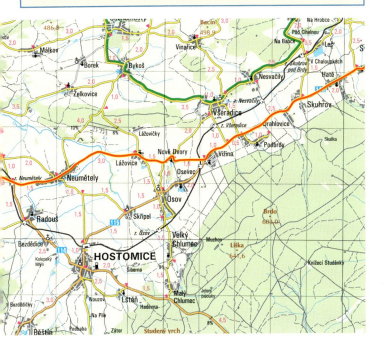

Plzeň / Pilsen

Im Stadtgebiet fließen die Úhlava und die Radbuza zusammen, wobei der neue Fluss den Namen Berounka annimmt. Offensichtlich war auch im Falle von Pilsen diese geographisch günstige Lage zwischen zwei Flüssen nahe ihres Zusammenflusses ein Grund für die Stadtgründung. Aus mehreren Richtungen münden noch weitere kleinere Flüsse und Bäche ein, da Pilsen in einer Art Kessel liegt. Dieser wird dann in Richtung Nordosten zur Moldau hin durch die Berounka entwässert.

Erste Ansiedlungen erfolgten bereits im 10. Jh. Die Erhebung zur Stadt durch den Böhmenkönig Wenzel II. ist für 1295 dokumentiert. Pilsen wurde bald zu einem wichtigen Handelszentrum an der Verzweigung der Handelswege von Prag nach Regensburg und Nürnberg. Bereits im 14. Jh. war Pilsen die drittgrößte Stadt in Böhmen. In Pilsen bestand auch eine Niederlassung des Deutschen Ritterordens, die um 1414 eliminiert wurde. In der Hussitenzeit mussten die radikalen Taboriten die Stadt verlassen, wie überhaupt quer durch die Geschichte immer eine relativ starke Bindung zur römisch-katholischen Religionstradition erkennbar ist.

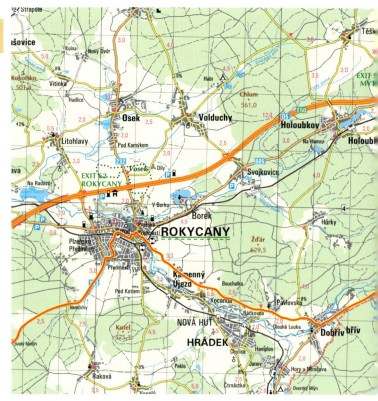

Nach mehreren großen Stadtbränden im 16. und 17. Jh. kam es zu den das Stadtbild prägenden Erneuerungen in der Barockzeit und vor allem auch in der Gründerzeit. Der Anschluss an das Eisenbahnnetz und die Industrialisierung im 19. Jh. (repräsentiert durch die Maschinenfabrik Škoda und die Brauerei Plzeňsky Prazdroj – Pilsner Urquell) machten Pilsen zum wichtigsten Oberzentrum in Westböhmen. Der im Lauf der Geschichte immer relevante jüdische Bevölkerungsteil wurde während der Nazi-Zeit entweder vertrieben oder durch den Holocaust ausgelöscht. Steinernes Zeugnis der früheren Bedeutung jüdischer Kultur ist die 1894 fertiggestellte Große Synagoge, die die zweitgrößte in Europa und die drittgrößte weltweit ist. Seit 1938 war auch Pilsen durch Hitlers Drittes Reich besetzt, am 6. Mai 1945 wurde es durch die amerikanische Armee befreit.

Heute zählt der Raum Pilsen etwa 175.000 Einwohner. Er hat eine komplette Ausstattung an verschiedenen Bildungseinrichtungen einschließlich einer Universität. Somit ist es gut vergleichbar mit der Partnerstadt Regensburg, sowohl was die Bevölkerungszahl als auch die Struktur angeht. Auch die Nachbardiözesen Pilsen und Regensburg pflegen enge Beziehungen.

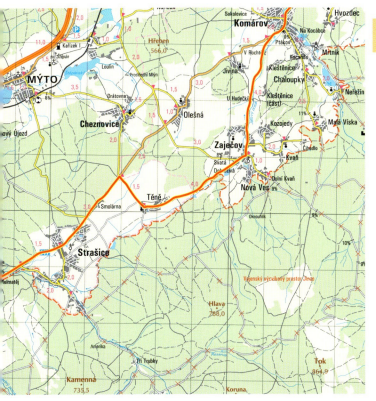

Plzeň – Kdyně   64,4 km

Da die Einkehr- und Übernachtungsmöglichkeiten zwischen Plzeň und Kdyně rar gesät sind, wollen wir die Strecke bis Kdyně in einem Tag zurücklegen. Es empfiehlt sich, genügend Trink- und Essensvorräte mitzunehmen. Je weiter wir nach Westen kommen, desto bergiger und damit anstrengender wird es, denn wir nähern uns ja den Hauptkämmen des Böhmerwaldes. Um nach Kdyně zu gelangen, umfahren wir die davor liegenden Bergketten und nähern uns der Stadt in einem Bogen von Westen her. Dort treffen wir auch auf den Rundweg Nr. 2014, auf dem wir bis zur Grenze bleiben werden.

Wir verlassen Pilsen wieder am Bahnhof vorbei, diesmal aber in südwestlicher Richtung über den Vorort Bory. Die Škoda-Werke lassen wir dabei rechts in den westlichen Vororten liegen. Wieder treffen wir auf einen Stausee, diesmal den der Radbuza. Wir umfahren ihn am Westufer und halten uns weiter an den Fluss – immer in südlicher Richtung. Am Vorort **Lhota** vorbei, unterqueren wir die Autobahn und kommen bald darauf nach **Dobřany**. Wir passieren das Städtchen an seinem westlichen Rand und verlassen nun auch das Flusstal der

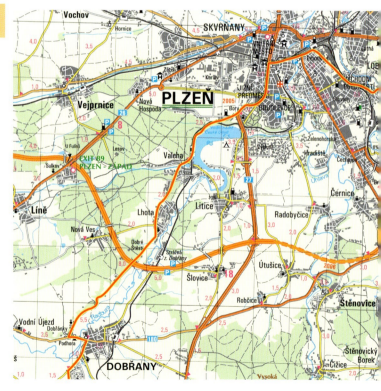

Im Vorland des Böhmerwaldes

Radbuza. Ziemlich flach geht es an einem Kaolinwerk vorbei nach **Dnešice** und **Soběkury**. Danach wird es bergiger und unsere Richtung dreht nach Südwesten. Nach dem Flecken **Merklín** fahren wir ziemlich genau nach Westen durch den Merklíner Wald. Mitten in diesem Wald treffen wir in der Nähe eines Steinbruches und eines Gasthauses auf eine Kreuzung, bei der wir nach links in Richtung Süden abbiegen müssen. Bald danach geht es aus dem Wald hinaus. Über die kleinen Orte **Poděvousy** und **Srbice** erreichen wir **Koloveč**. Wir durchfahren die kleinen Dörfer **Kanice**, **Hradiště** und **Hříchovice**. Ab **Staněcice** halten wir uns an den östlichen Rand der Ebene um Domažlice und fahren bis **Kout na Šumavě**. Von dort müssen wir auf der Nr. 2014 noch nach Starec, bevor wir über den Vorort **Prapořiště** in **Kdyně** einfahren können.

Auf dem letzten Stück berühren wir den Südteil des ethnologisch und historisch bemerkenswerten Chodenlandes mit der Stadt Domažlice (Taus) als Zentrum. Die Choden wurden im Mittelalter durch die böhmischen Könige gezielt entlang der Grenze angesiedelt. Sie erfüllten die Funktion einer Grenzwache und waren mit ziemlich weitreichenden Privilegien ausgestattet. Sie konnten sich ihre Identität und ihre reichhaltige Volkskultur bis heute erhalten.

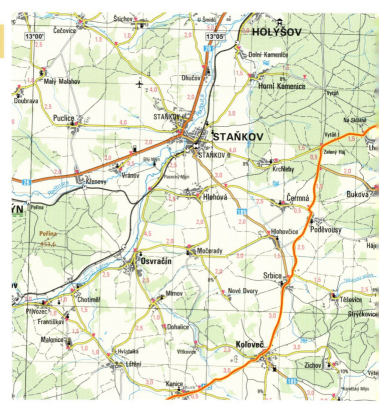

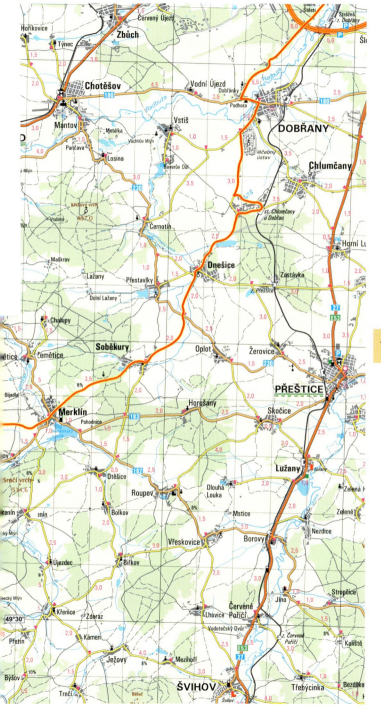

Kdyně – Všeruby / Eschlkam — 9,5 km

Heute ist unsere Route als grenzüberschreitender Rundkurs auch mit der Nummer 2014 gekennzeichnet. Die insgesamt nicht ganz leicht zu fahrende Strecke führt über den Neumarker Sattel, eine uralte Verbindungsstrecke zwischen Bayern und Böhmen, zum Grenzübergang. Am Ortseingang von Hájek mündet von links der Weg für die Fußpilger ein, der hier von der Wallfahrtskirche Tannaberk herunterkommt.

Wir verlassen Kdyně über den Vorort Prapořiště auf der Autostraße über den Neumarker Sattel und weiter hinaus nach Brůdek, Hájek und **Všeruby** (Neumark).

Brůdek (Fürthel): In Brůdek steht eine interessante, dem hl. Wenzel geweihte Triumphkapelle für die siegreiche Schlacht des Böhmenherzogs Břetislav I. über Kaiser Heinrich III. im Jahre 1040. Die Kapelle mit bemerkenswerten Fresken wurde jüngst gemeinsam von Deutschen und Tschechen restauriert und zur Versöhnungskapelle umgewidmet.

Jakobsstein der Marktgemeinde Eschlkam

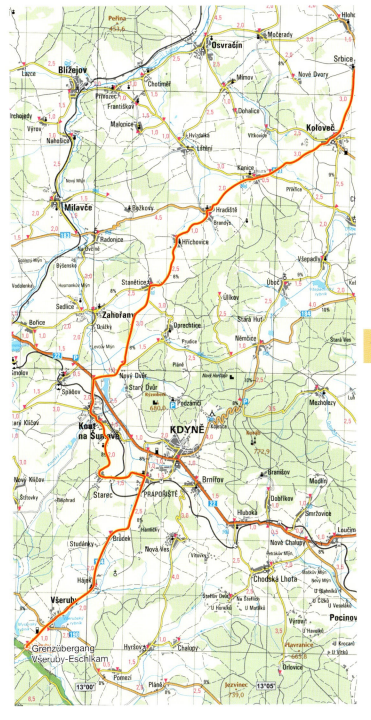

Der Ostbayerische Jakobsweg – für Radpilger

Vom Grenzübergang bei Všeruby / Eschlkam
nach Regensburg und
über Ingolstadt nach Donauwörth

246 km

Eschlkam – (Neukirchen) – Cham   34,0 km

Die heutige Strecke benützt das Tal des Chambs fast von der Quelle bis zur Mündung: Entspringt das Flüsschen doch nahe der Grenze und mündet in Cham in den größeren Regen. Entsprechend flach ist das Gelände, wenn man von der Steigung hinauf zur Jakobskirche von Eschlkam absieht. Bis Furth i. W. werden wir meistens auf geteerten Radwegen an den Autostraßen entlanggeführt, während uns danach der zwar geschotterte, aber sonst wohl gepflegte Chambtal-Radweg durch eine ansprechende Auenlandschaft nach Cham bringt. Er ersetzt uns den historischen Weg, der heute durch die Bundesstraße 20 eingenommen wird. Die stabilen Markierungstafeln der Radwege, die wir in der Folge befahren werden, sind schwer zu übersehen. Die zusätzlichen Markierungen mit dem Symbol des Jakobsweges machen klar, dass man sich auf der Radstrecke des Ostbayerischen Jakobsweges befindet. Von Eschlkam aus kann man den Wallfahrtsort Neukirchen b. Hl. Blut besuchen und danach auf die Standardroute nach Furth zurückkehren. Man macht dabei hügelauf, hügelab einen Umweg von 14 km.

Auch die Radstrecke des Ostbayerischen Jakobsweges beginnt direkt an der Grenze nach Tschechien bei der Wegmarke aus Osser-Gneis mit der Jakobsmuschel im Sternenkranz und der Inschrift „Santiago de Compostela 2825 km". Während die Fußpilger etwa 200 m nach dem Grenzstein nach links abbiegen, bleiben wir auf der Straße in Richtung Eschlkam, die von einem neuen Radweg begleitet wird. In manchen Karten wird diese Route auch als Zubringer zum Chambtal-Radweg bezeichnet. Es geht über offenes Gelände ohne nennenswerte Steigungen, vorbei an vereinzelten Bauernhöfen bis nach **Großaign**. Am Eingang des Straßendorfes mündet auch der Weg für Fußpilger ein und es geht gemeinsam durch das Dorf hinunter zum Chamb, wo die Statue des hl. Jakobus über die Brücke wacht. Danach müssen wir uns gleich zwischen mehreren Alternativen entscheiden:

<u>a) direkte Variante:</u> Wollen wir die Pfarrkirche St. Jakob in Eschlkam besuchen, so halten wir uns an die Markierung des Weges für Fußpilger und fahren (oder schieben) die ca. 50 Hm hinauf zur Kirche. Vom Kirchhof fahren wir hinunter zum Waldschmidtplatz. Während dort die Fußpilger nach links abbiegen, halten wir uns rechts und fahren bergab aus dem Markt hinaus, am Ende ein Stück entlang der Umgehungsstraße, bis wir bei der Freybachbrücke auf die bequemere Route treffen. Ein Storchenpaar hat sich genau an dieser Einmündung einen Strommasten als Basis für ihr Nest ausgesucht. Während der Brutsaison zwischen April und Juli lohnt sich ggf. ein kurzer Stopp, um das Brutgeschäft aus nächster Nähe zu beobachten.

Storchennest bei Eschlkam

<u>*b) bequeme Variante:*</u> *Zieht man es vor, die Steigung zu vermeiden, so biegt man nach der Brücke am Fuße des Hügels rechts ab und folgt der Kombination aus Rad- und Jakobsweg-Markierungen um den Berg herum. Dabei müssen wir zuerst die Ortsverbindungsstraße nach Kleinaign etwas nach links versetzt überqueren. Bei der Brücke über den Freybach treffen wir auf die Umgehungsstraße, die uns nach Furth i. W. bringt.*

<u>*c) Variante über Neukirchen b. Hl. Blut:*</u> *Am Waldschmidtplatz in Eschlkam hält man sich links und fährt aus dem Ort hinaus in Richtung Südosten, bis man auf die Umgehungsstraße trifft, der man auf gewelltem Terrain an Stachesried vorbei nach Neukirchen b. Hl. Blut folgt. Ab der Wallfahrtskirche fallen die Routen für Fuß- und Radpilger zusammen. Auch die Radpilger biegen in der Ortsmitte beim Wallfahrtsmuseum nach rechts ab und fahren den Berg hinunter. Am tiefsten Punkt machen sich die Fußpilger geradeaus an den Aufstieg zum Hohen Bogen, während die Radpilger an der Freybachbrücke rechts abbiegen, um zum Chambtal-Zubringer zurückzukehren.*

Der Chambtal-Zubringer führt zunächst auf einem neuen Radweg entlang der Ortsverbindungsstraße in Richtung Furth i. W. Nach dem **Aiglshof** queren wir die Straße und fahren weiter halbrechts bergab. Bald kommen wir an eine Kreuzung, wo wir die betonierte Straße nach rechts wählen, auf der wir schließlich an den Ortseingang von **Furth im Wald** kommen. Wir fahren nicht direkt in die Ortsmitte, sondern biegen bereits in der Kötztinger Straße nach links ab, queren auf schmalen Wegen zwei kleine Brücken über den Chamb, passieren dabei rechter Hand die Drachenstich-Festhalle und linker Hand die Zentralvolksschule. Wir schlängeln uns über die Jettingerstraße, den Alfred-Peter-Platz, die Michael-Datzl-Straße und den Eberlweg durch bis zur Grabitzer Straße, der wir stadtauswärts folgen, bis wir direkt vor dem Bahnübergang links abbiegen müssen, weil hier der Chambtal-Radweg durch die flache Furth-Chamer Senke beginnt.

Zumeist auf Radwegen oder Flur-Nebenwegen geht es durch die landschaftlich sehr ansprechende Talaue des Flüsschens Chamb immer nahe der Eisenbahnlinie zuerst nach **Arnschwang**. Dort queren wir die beiden Arme des Chamb auf zwei Stegen und radeln am Nordufer weiter bis zum Bahnhaltepunkt **Weiding**. Wir fahren erneut über eine Brücke und schlängeln uns zwischen dem Südufer des Flusses und den Neumühlener Weihern hindurch. An deren Ende kehren wir über einen Steg auf das Nordufer des Chambs zurück. Nun dient wieder der Eisenbahndamm als Wegweiser. An ihm entlang radeln wir durch **Kothmaißling** bis an die Stadtgrenze von Cham in **Altenstadt**. Dort queren wir auf schmalen Stegen zuerst den Chamb und kurz darauf den Regen. Hier treffen wir auch auf das verschlungene, gelbe Zeichen eines lokalen Pilgerradweges.

Variante: Ein lohnender, nur 800 m langer Abstecher führt geradeaus nach Chammünster.

Nun halten wir uns auf gut ausgebauten Radwegen flussabwärts. Über den Oberen Regenanger erreichen wir das Gelände der Landesgartenschau. Hier steuern wir nach Erreichen der Bebauungsgrenze nach rechts, um auf einer Fußgängerbrücke den Regen zu überschreiten. Gegenüber setzt die Schmidstraße an, die uns hinauf zum Marktplatz mit seinem prächtigen, spätgotischen Rathaus bringt.

Furth im Wald: Der Ort gelangte im 13. Jh. in den Besitz der Wittelsbacher. Er wurde zur Grenzfeste ausgebaut; schon früh erhielt er Stadtrechte. Furth erlitt schwere Verwüstungen in den Hussitenkriegen des 15. Jh. und im 30-jährigen Krieg durch die Schweden.
Bis ins 19. Jh. hinein richteten mehrere Großbrände schwere Schäden an. Wirtschaftlicher Aufschwung kam 1861 mit Eröffnung der Eisenbahnlinie Nürnberg – Prag. Nach dem Krieg sollte der Fremdenverkehr die Blockade durch die Grenze kompensieren. Im August

wird hier alljährlich der Further Drachenstich als Festspiel-Spektakel inszeniert. Er gilt als das älteste Volksschauspiel in Deutschland und ist vermutlich aus einem Georgispiel im Anschluss an die Fronleichnamsprozession hervorgegangen.

Chammünster: Der Ort wurde schon 975 zur Urpfarrei des Oberen Bayerischen Waldes. Man sieht von weitem die beiden Chorflankentürme der frühgotischen dreischiffigen Pseudobasilika Mariä Himmelfahrt. Im Spätmittelalter wurde der Pfarrsitz nach Cham verlegt. An der Nordostecke des Friedhofes befindet sich eines der wenigen komplett erhaltenen Beinhäuser (Karner).

St. Jakob, Cham – Martyrium des hl. Jakobus

Cham: Der geschützt in einer engen Schleife des Regens liegende Hügel wurde schon im 10. Jh. mit einer Reichsburg bebaut, ein wichtiger militärischer Stützpunkt an der Straße nach Böhmen. Zunächst eigene Markgrafschaft, fällt Cham 1204 an die Wittelsbacher. Die Stadt entwickelt sich parallel und prosperiert im 13. und 14. Jh. aufgrund ihrer Lage. Die Stadt wurde immer wieder durch kriegerische

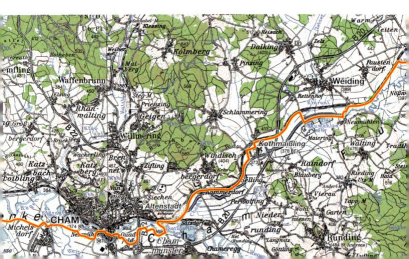

Ereignisse und mehrere Großbrände verwüstet, zum letzten Mal durch schwere Bombardierungen am Ende des Zweiten Weltkrieges. Von der Stadtbefestigung haben sich zwei markante Türme erhalten: das Biertor und der von einem Storchennest gekrönte „Straubinger Turm" aus dem 13. Jh. Im Cordonhaus – vermutlich ehemals Propstei des Klosters Reichenbach aus dem 16. Jh. – residiert heute das Tourismusbüro.

Der Lage an der Transitstraße angemessen ist das Patrozinium der **Stadtpfarrkirche St. Jakob**, die beherrschend den höchsten Punkt der Altstadt einnimmt. Basierend auf gotischen Fundamenten ist die Kirche barock geprägt mit späteren Veränderungen. Vater und Sohn Gebhard aus Regensburg schufen 1750 die Deckenfresken, im Chor das Martyrium des hl. Jakobus d. Ä., im Westjoch die Errettung Schiffbrüchiger durch den hl. Apostel. An der Südwand steht eine Figur des hl. Jakobus aus der ersten Hälfte des 18. Jh.

Die Ausstattung stellt ein seltenes Beispiel für eine späte Re-Barokkisierung aus den Jahren 1900-1912 dar.

Cham – Walderbach 24,2 km

Heute fahren wir auf dem Regental-Radweg durch die flache Flussaue des Regens, nur unterbrochen durch eine Straßenstrecke vor Roding und die Überquerung des vom Regen umflossenen 100 m hohen Hügelspornes mit der Wallfahrtskirche Heilbrünnl.

Vom Kirchplatz aus fahren wir durch die Helterhofstraße, die Propsteistraße und die Klosterstraße hinunter zum Biertor, durch das wir die Stadt verlassen, wobei über zwei knapp aufeinanderfolgende Brücken die beiden Arme des Regens überquert werden. Von nun an halten wir uns bis nach Reichenbach an den Regental-Radweg. Dieser führt uns zuerst über die Adolf-Kolping-Straße und die Michelsdorfer Straße nach Westen zurück in die Regenaue. Vorbei an **Michelsdorf** erreichen wir die Weiherlandschaft um das Naturschutzgebiet Rötelseeweiher. Wir durchqueren **Untertraubenbach** und kommen nach **Wulfing**. Dort wenden wir uns vom Fluss ab und unterqueren die Bundesstraße 85. Von jetzt an geht es – unvermeidlich – auf dem Radweg immer an dieser Straße entlang, an Wetterfeld vorbei, bis hinein in die Ortsmitte von Roding. Hat man die Stadtpfarrkirche passiert, muss man nach rechts steil hinunter zum Regenufer. Wir radeln weiter flussabwärts, bis am gegenüberliegenden Ufer der Turm der Wallfahrtskirche Heilbrünnl aus den Bäumen lugt und der Fluss einen Knick nach Süden macht. Dort benützen wir einen hölzernen Steg, um auf das Nordufer zu kommen. Nun beginnen die Serpentinen, die uns über den Hügelsporn hinüber wieder an den Fluss bringen werden. Am Anstieg liegt die besonders an den „Frauentagen" viel besuchte barocke Wallfahrtskirche U. L. Frau von **Heilbrünnl**.

Von der Kirche geht es weiter durch Wald steil aufwärts. Wenn wir die Höhe überwunden haben und sich der Weg absenkt, ist **Vorsicht** angebracht: Es ist durchaus nicht feige, das Warnschild „Radfahrer absteigen" ernst zu nehmen. Denn spätestens nach einer letzten Haarnadelkurve – ungefähr dort, wo der Waldweg eine Teerdecke bekam – nimmt das Gefälle stark zu. Zu allem Überfluss muss man an der steilsten Stelle (15%) auch noch eine enge Rechtskurve ausfahren.

Marktplatz in Cham

> ### Die Wallfahrtslegende von Heilbrünnl
>
> Die Wallfahrtslegende von Heilbrünnl erzählt, dass ein Hirte eines Abends in einer seit Urzeiten sprudelnden Quelle ein Bildnis der Muttergottes sah. Bei dem Versuch, es zu bergen, sank es immer tiefer. Erst am nächsten Tag gelang es dem Rodinger Pfarrer, der mit einer feierlichen Prozession an den Ort des Geschehens kam, das Bild zu heben.

Endlich lichtet sich der Wald und wir erreichen das Wiesengelände im Flusstal. Von nun an verlieren wir den Regen bis kurz vor **Kirchenrohrbach** nicht mehr aus den Augen. Ein Teil der Talhänge steht unter Naturschutz. Die Filialkirche von Kirchenrohrbach birgt am linken Seitenaltar ein kleines Relief von 1843 mit der Marter des hl. Jakobus. Wir durchqueren den Ort in einem Linksbogen. Dann geht es wieder am Fluss entlang hinein nach **Walderbach**. Ziemlich am Ortseingang wechseln wir auf das südliche Regenufer über. Vorher jedoch machen wir einen 500 m langen Abstecher hinein in den Ort zur Kirche des ehemaligen Zisterzienserklosters Walderbach.

Roding: Der hochragende, barocke Turm der Stadtpfarrkirche St. Pankratius steht neben einem modernen Kirchenbau von 1959. Östlich der Kirche steht die Josefikapelle, ein zweigeschossiger Rundbau aus dem 11. Jh., das Untergeschoss stammt möglicherweise sogar aus dem 8. oder 9. Jh.! Bedeutend sind auch die Wandmalereien aus dem 14. Jh., unter ihnen eine Enthauptung des hl. Jakobus.

Heilbrünnl: Der Mittelpunkt des Hochaltares der Rokoko-Kirche, die um 1730 entstand, ist eine Kopie der Lukasmadonna aus der Alten Kapelle zu Regensburg. Vor dem Altarraum steht das marmorne Brunnenbecken, aus dem der Gläubige das Heilbrünnlwasser schöpfen kann. Im unteren Altarraum ist das Hl. Grab mit Christus auf einem Brett liegend dargestellt. Volkskundler bringen diese Darstellung mit dem Brauch der Totenbretter in der Gegend in Verbindung.

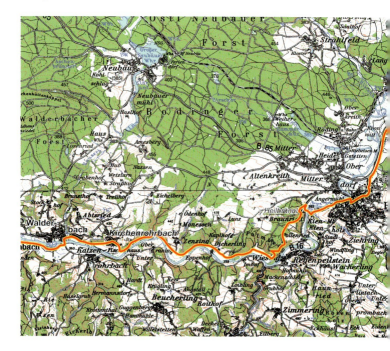

Walderbach: Das Kloster wurde im 12. Jh. als Augustinerchorherrenstift gegründet, aber bald von Zisterziensern übernommen. Im Gegensatz zu dem in Sichtweite am anderen Regenufer liegenden, stark befestigten Benediktinerkloster Reichenbach wurde Walderbach 1428 und 1433 durch die Hussiten erobert und verwüstet. Pfalzgraf Ottheinrich löste 1556 das Kloster auf und führte die Reformation ein, 1567 folgte ein durch den Kurfürsten angeordneter Bildersturm. 1669 zogen im Zuge der Rekatholisierung der Oberpfalz wieder Zisterzienser in das Kloster ein. 1803 verfiel es der Säkularisierung und wurde Pfarrkirche. Die Abteikirche St. Nikolaus und St. Maria ist eine der raren, für die Oberpfalz jedoch typischen romanischen Hallenkirchen aus dem letzten Drittel des 12. Jh. Zur Zeit des Rokoko wurden das Chorhaupt und der Turm erneuert. Der Raumeindruck ist romanisch und wird beherrscht durch die Gewölbebildung sowie die 1888 freigelegten originalen Gewölbemalereien – eines der Hauptwerke der Romanik in Bayern. Das Gewölbe ist das älteste Kreuzrippengewölbe in Bayern. Es ist nicht aus Steinen gemauert, sondern in einer Art mittelalterlichem Beton gegossen. Die Innenausstattung entstammt der zweiten Hälfte des 18. Jh. Bemerkenswert sind die 15 Kreuzwegbilder von 1735. Auf einem Seitenaltar steht eine Kopie der „Schönen Madonna" von Regensburg. In den ehemaligen Konventsgebäuden ist der Deckenstuck meist erhalten, ebenso die Fresken von Otto Gebhard aus Prüfening im zweigeschossigen Festsaal sowie im Westtrakt ein Fresko von Cosmas Damian Asam von 1718.

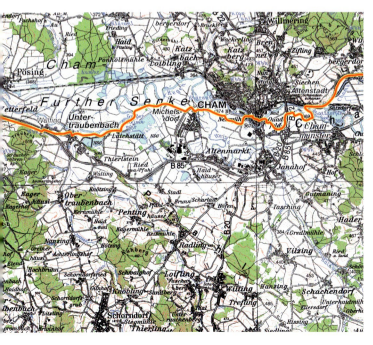

Walderbach – Regensburg 39,7 km

Heute werden wir in Reichenbach auf zwei Streckenalternativen treffen, die eine schwere Entscheidung erfordern: Bergstrecke oder Talstrecke. Als Jakobswegstrecke für Radfahrer ist die Bergstrecke markiert – auch wenn man dabei auf 5 km Länge in stetiger Steigung 220 Hm bewältigen muss. Denn erstens liegt die ehemalige Klosterkirche Mariä Himmelfahrt hier am Weg und zweitens bietet der nachfolgende Falkensteiner Radweg eine einmalige 21 km lange Abfahrt. In einer glücklichen Entscheidung wurde nämlich die Trasse des sog. „Falkenstein-Bockerls" (wie man die alte Eisenbahn von Regensburg nach Falkenstein liebevoll nannte) zu einem Radweg mit fein gekiestem Untergrund umgebaut. Entsprechend bequem führt er wie auf einer Dachschräge mit moderatem Gefälle und in weiten Schwüngen durch die abwechslungsreiche Landschaft des Vorwaldes hinunter und hinaus nach Regensburg. Man muss nur berücksichtigen, dass die Vorfahrt bei allfälligen Straßenquerungen jetzt auf den Querverkehr übergegangen ist! Die bequemere Talstrecke auf dem Regental-Radweg ist 6 km länger. Sie führt über Nittenau, Stefling, Marienthal und Regenstauf (Kirche mit Jakobspatrozinium) entlang der historischen Talstraße ebenfalls nach Regensburg.

Die nächste Etappe beginnen wir an der Brücke über den Regen. Am südlichen Ufer biegen wir rechts in einen Feldweg ein und fahren durch die Flussaue nach **Reichenbach**, wo das ehemalige Benediktinerkloster Reichenbach die Anhöhe ähnlich einer Burg besetzt hält. Wir fahren entlang des Klosterberges durch den Ort, bis wir zu einer Verzweigung kommen, bei der wir die Entscheidung über unseren

Die romanische Klosterkirche in Walderbach

Weiterweg treffen müssen: Bergstrecke links aufwärts oder Talstrecke nach rechts weiter flussabwärts. Wir wählen die Bergstrecke, biegen also nach links ein und strampeln auf der Ortsverbindungsstraße in Richtung Wald den Berg hinauf.
Wenn wir auf gleicher Höhe mit der Einfahrt in den Klosterkomplex sind, biegen wir links ein und fahren an der Mauer entlang bis vor die Westfassade der Klosterkirche.
Von der Klostereinfahrt geht es wieder weiter bergauf. Beim Weiler **Windhof** halten wir uns links. Endlich erreichen wir die Gemeinde **Wald** und die Steigung nimmt ab. Wo die Straße im Ort eine Rechtskurve macht und sich absenkt, fahren wir ein letztes Mal weiter geradeaus bergauf, bis wir endlich an der ehemaligen Bahnüberführung rechter Hand auf die Einfahrt zum Falkensteiner Radweg stoßen. Dort beginnt die Abfahrt. Erst in **Gonnerdorf** ist die Herrlichkeit zu Ende. Wir fahren auf der Straße in Richtung Regensburg weiter bis zum Güterbahnhof in **Wutzlhofen**. Nach dem Bahnübergang biegen wir nach links auf einen Feldweg ein und fahren auf die Bebauungsgrenze zu. Im Prinzip läuft nun unser Weiterweg zur Donau auf den Wohnstraßen der Konradsiedlung immer an der Eisenbahnlinie entlang, die links von uns genau nach Süden führt. Insgesamt müssen wir dabei drei größere Ausfallstraßen über- oder unterqueren, was uns aber nicht aus der Richtung bringt. Hinter der Donauarena – einem Eisstadion – treffen wir plötzlich auf von links kommende Markierungen mit der Jakobsmuschel. Wir sind auf die Route der Fußpilger gestoßen. Von nun an geht es gemeinsam zur Steinernen Brücke und durch die Altstadt bis nach St. Jakob.

Reichenbach: Reichenbach – ehemals eines der bedeutendsten Klöster in der Oberpfalz – wurde 1118 durch die Diepoldinger von Cham-Vohburg als Benediktinerkloster nach Hirsauer Regel gegründet und reich begütert. Hoch angesehen, war es im Mittelalter auch ein wissenschaftliches Zentrum für Astronomie, Mathematik und Kartographie. Kloster Ettal wurde z. B. auch von Reichenbach aus besiedelt. – Seine starke Bewehrung mit Graben und Mauerring bewahrte es vor einer Einnahme durch die Hussiten. Wie alle anderen Klöster in der „Oberen Pfalz" wurde es 1556 auf Befehl Ottheinrichs von der Pfalz aufgehoben. In der Gegenreformation wurde es zuerst durch

Reichenbacher Gnadenbild

Die Legende über die Wiederauffindung des Reichenbacher Gnadenbildes erzählt:
Vor dem calvinistischen Bildersturm im Jahre 1553 wurde die Madonnenstatue unter einer Stiege eingemauert und so gerettet, dann jedoch vergessen. Generationen später erschien der Frau eines Klosterverwalters im Traum die Madonna in ihrem Versteck. Das Bildnis wurde umgehend hervorgeholt und ausgestellt. Es wird seither hoch verehrt.

Jesuiten revitalisiert und 1669 wieder durch Benediktiner übernommen. Nach der Säkularisation 1803 wurde die Kirche Pfarrkirche, die Konventgebäude wurden profan genutzt. 1890 kam der gesamte Komplex an die Barmherzigen Brüder des hl. Johannes von Gott, die hier eine große Heil- und Pflegeanstalt für körperlich und geistig behinderte Menschen einrichteten.

Die Kirche Mariä Himmelfahrt ist eine dreischiffige, romanische Basilika aus dem 12. Jh. 1742–1752 wurde der Innenraum durchgreifend barockisiert. Die Deckengemälde stammen von Vater und Sohn Gebhard aus Prüfening bei Regensburg, ebenso der prächtige Hochaltar, um 1750. Das Gnadenbild, eine polychrome Tonfigur von 1460, befindet sich im linken, vorderen Nebenaltar. Unter anderem sei hingewiesen auf die beiden originalen, bronzenen Türringe aus dem frühen 13. Jh., auf die mit floralen Mustern bemalten Leinwandtapeten an den Chorseitenwänden, auf eine Sandsteinmadonna von 1420 im „Schönen Stil" und auf die Grablege der Diepoldinger mit zahlreichen qualitätvollen Grabdenkmälern. Darunter befindet sich ein schauriges Memento mori in Gestalt eines halbverwesten Leichnams, das an den Dompropst Johann von Mosbach aus der Familie der Wittelsbacher erinnern soll, der 1486 auf einer Pilgerreise im Heiligen Land verstarb.

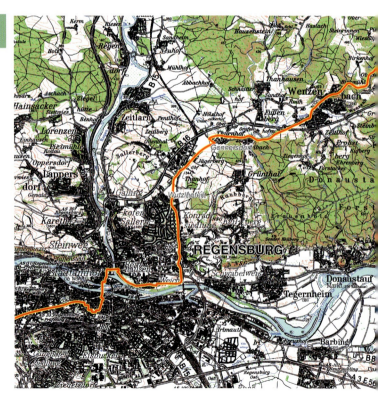

Regensburg – Donauwörth 146 km

Ab Regensburg gibt es zwei Möglichkeiten der Routenwahl. Der Jakobspilger kann auf dem sehr bekannten, lohnenden und darum viel befahrenen Donau-Radweg am südlichen Donauufer über Kelheim, Kloster Weltenburg, Neustadt a. d. D., Vohburg, Ingolstadt und Neuburg a. d. D. direkt nach Donauwörth fahren (ggf. auch weiter bis nach Ulm). Diese hier beschriebene Strecke ist (ebenfalls wie alle übrigen oben beschriebenen) zusätzlich zu der jeweiligen Beschilderung als touristischer Radweg durchgängig auch mit den Symbolen des Jakobsweges gekennzeichnet. Näher am Weg für Fußpilger verläuft der „Via Raetica" genannte Radweg durch den ruhigeren Naturpark Altmühltal. Dieser verlässt den Donau-Radweg bei Eining. Man setzt per Fähre über die Donau nach Hienheim über und steuert als Nächstes Altmannstein an. Von dort geht es weiter nach Denkendorf, wo man die BAB München – Nürnberg unterquert. Schließlich erreicht man in Kipfenberg das Tal der Altmühl, dem man flussaufwärts bis Eichstätt folgt. Von Eichstätt geht es auf dem Drei-Täler-Radweg im landschaftlich eindrucksvollen Urstromtal der Donau nach Rennertshofen, wo die Route wieder auf den Donautal-Radweg trifft, der schließlich nach Donauwörth führt.

Regensburg – Bad Gögging 49,8 km

Heute fahren wir zuerst auf dem Donau-Radweg die Donau aufwärts nach Kelheim. Unser nächstes Ziel ist das weltbekannte Kloster Weltenburg, das etwa 5 km oberhalb am Eingang des „Donaudurchbruchs" liegt. Um es zu erreichen, gibt es drei Möglichkeiten:
a) die bequeme, aber eindrucksvolle Fahrt mit dem Schiff durch den „Donaudurchbruch"
b) den Deutschen Limes-Radweg über den Michelsberg (Befreiungshalle)
c) den alten Weltenburger Weg auf dem südlichen Donauufer, der mit Jakobswegsymbolen markiert ist.
Wir wählen letzteren und umfahren somit den Donaudurchbruch über die begleitenden Jurahöhen. In Dorf Weltenburg treffen wir auf den Fluss und die Stichstraße zum Kloster Weltenburg. Danach halten wir uns wieder an den südlichen Talhang. Über mehrere nicht sehr ausgeprägte Hügel hinweg – wo wir auf die ersten Hopfengärten der Hallertau stoßen – erreichen wir Bad Gögging. Wir bewegen uns heute fast durchgängig auf separaten Radwegen mit Teer, Beton oder Kies als Untergrund. Auf den wenigen Waldstrecken muss man allerdings auch mit naturhartem Untergrund rechnen.

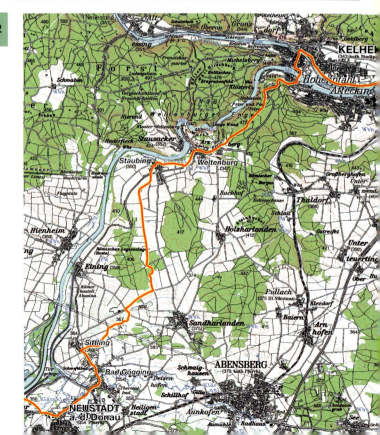

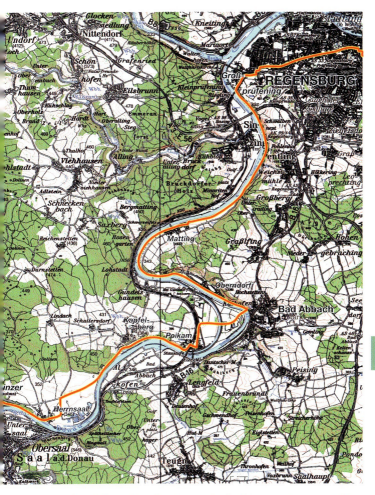

Immer noch auf derselben Route wie die Fußpilger verlassen wir **Regensburg** von St. Jakob aus nach Westen über die Prüfeninger Straße und den Rennweg in Richtung **Prüfening**. Erst am Aufgang zur Sinzinger Eisenbahnbrücke trennen sich die Wege wieder. Wir Radfahrer bleiben dabei auf dem Südufer der Donau und fahren unter der Brücke hindurch, während die Fußpilger auf die Brücke hinaufgehen und auf das Nordufer überwechseln. Manchmal eingeklemmt zwischen Fluss und Felsen folgen wir teils auf der Straße, teils auf den begleitenden Radwegen den Schlingen der Donau nach **Matting** und **Oberndorf** und darüber hinaus bis zum spitzen Flussknie bei **Bad Abbach**. Dort benützen wir eine moderne Fußgängerbrücke, um nun ebenfalls ans andere – nördliche – Ufer zu gelangen.

Wir durchfahren die Flussaue und überqueren dabei den RMD-Kanal, der hier in einem für die Schifffahrt günstigeren Radius ein eigenes Gerinne hat, bis wir an den Bahndamm der Eisenbahnlinie stoßen. Hier fahren wir links nach **Poikam** hinunter, halten uns im Ort rechts und suchen die Eisenbahnunterführung. Dahinter wenden wir uns halblinks, um wieder zum Uferweg zu gelangen. Das Sträßchen wird häufig benutzt, um die Campingplätze und den Yachthafen bei Kapfelberg anzufahren. Zwischen **Kapfelberg** und **Herrnsaal** nehmen wir durch eine flache Depression hindurch die Ortsverbindungsstraße. Sie ist zwar nicht besonders stark befahren, jedoch kann man sich des Eindrucks nicht erwehren, dass sie gerne als Rennstrecke gebraucht wird. Wir sind daher

Jakobusstatue in Kelheimwinzer

froh, dass wir am Gegenhang bei erster Gelegenheit wieder links auf die alte Ortsstraße nach Herrnsaal einbiegen können. Wir fahren im Ort hinunter bis ans Donauufer und weiter flussaufwärts auf gekiestem Untergrund nach **Kelheimwinzer**. Um in den Ort zu gelangen, nehmen wir einen Feldweg, der halbrechts vom Damm weg in den Ort führt.

Vom alten Jakobskirchlein aus fahren wir auf die Dammkrone und weiter flussaufwärts, um bald festzustellen, dass wir uns nun nicht mehr auf dem Damm der Donau, sondern bereits auf dem der Altmühl befinden, deren unauffällige Mündung in die Donau wir bereits passiert haben. Wir bleiben auch weiterhin auf dem nördlichen Ufer der Altmühl, bis vor uns schon in Kelheim eine geschwungene Fußgängerbrücke auftaucht, die wir benützen, um durch das Altmühltor in die Altstadt einfahren zu können (Näheres über Kelheim findet sich in der Streckenbeschreibung für die Fußpilger).

Wie die Fußpilger verlassen wir Kelheim durch das Donautor, steuern jedoch nach links, denn wir wollen bereits hier die Donau über die große Brücke überqueren. Auf der anderen Seite fahren wir über einen Verkehrskreisel hinweg und halten uns bergwärts. Bald können wir die Autostraße nach rechts verlassen und die erste Steigung auf einem parallel verlaufenden Waldweg nehmen. Wenn wir am Friedhof vorbei sind, haben wir 100 Hm und damit das Schlimmste schon geschafft. Von nun an geht es durch schattige Mischwälder auf dem alten Weltenburger Weg hinüber und wieder hinunter nach Dorf **Weltenburg**. Unübersehbar ist, dass wir im Dorf scharf rechts einbiegen müssen, um noch die restlichen 1000 m am Ufer der Donau entlang zum Kloster hinter uns zu bringen. Dort landen wir, wenn wir geradewegs durch das barocke Klostertor einfahren, direkt im Biergarten.

Spuren der Römer

Die Häufung römischer Relikte auf der Gemarkung der Gemeinde Bad Gögging beweist die strategische Bedeutung des Platzes in der Zeit vom 1. bis zur Mitte des 5. Jh. n. Chr. Er lag in Sichtweite gegenüber der Stelle, wo beim heutigen Hienheim der „trockene" Rätische Limes in den „nassen" (die Donau) überging. Aber er lag noch auf der „sicheren" Seite der Donau und war sozusagen doppelt abgesichert durch die Einmündung der Abens in die Donau. Wenig nördlich bei Weltenburg bildete der Donaudurchbruch eine natürliche Barriere. Zudem konnte der Mündungsbereich der Abens auch für die Donauschifffahrt genutzt werden.

79–81 n. Chr. wurde unter Kaiser Titus südlich vom heutigen Eining am Rande der Hochterrasse über der Abens das Kastell Abusina als Kohortenlager (1,8 ha) gegründet. 138–161 wurde es unter Antonius Pius in Stein ausgebaut. 166–180 erlitt es in den Markomannen-Kriegen schwere Zerstörungen. Während des Wiederaufbaus 179 hatte die III. Italische Legion nördlich von Eining vorübergehend ihr Legionslager (11 ha) aufgeschlagen, bis die gesamte Einheit nach Regensburg umzog. 213 besuchte Kaiser Caracalla Abusina aus Anlass des 1. Alamannensturmes. Er war es, der den Ausbau des Rätischen Limes in Stein veranlasste. Um 233 fielen die Alamannen erneut ein. Wohl nach dem 3. Alamanneneinfall errichtete man am Ende des 3. Jh. in der Südwestecke noch eine 40 x 40 m große Binnenbefestigung. Ab Beginn des 4. Jh. zogen dann die römischen Truppen nach und nach ab. Die Fundamente des Kastells sind vollständig freigelegt und können besichtigt werden. Um das Kohortenkastell herum finden sich die Reste einer ziemlich großen Zivilsiedlung (Vicus); ein Gräberfeld ist an der südlichen Ausfallstraße des Kastells bekannt. Nahebei im Norden liegt der Weinberg. Dort wurde schon früh ein Wachturm errichtet. Anfang des 3. Jh. kamen unter Severus Alexander ein Unterkunftshaus und ein Tempel für Mars und Victoria hinzu.

Etwa zeitgleich mit dem Kastell in Eining wurde unter Kaiser Trajan bei den Schwefelquellen von Bad Gögging eine etwa 30 x 60 m große komfortable Badeanlage nach römischem Standard errichtet. Gleich den militärischen Anlagen wurde sie nach jeder Zerstörung wieder aufgebaut. Über die Baugeschichte weiß man deswegen so genau Bescheid, weil das Bad bereits in frühchristlicher Zeit mit der Andreaskirche überbaut wurde. Deren heutiger Bau stammt aus dem 12. Jh. Die Kirche ist profaniert und dient als römisches Museum. Die römischen Ruinen unter der Kirche können besichtigt werden.

Zurück an der Straßenkreuzung im Dorf Weltenburg fahren wir rechts. Kurz nach dem Ortsende biegen wir wieder rechts auf die Ortsverbindungsstraße nach **Staubing** ein. Wir fahren in einer Art S-Kurve um das Kirchlein St. Stephan herum, unterqueren die Staatsstraße und halten uns auf einem Feldweg etwa auf halber Höhe am Hang entlang. Wir durchqueren ein Wäldchen, stoßen zuerst wieder auf einen Feldweg und dann auf die quer verlaufende Teerstraße nach **Sittling**, der wir nach rechts folgen. Es geht über einen Hügel hinweg. Bei der schwungvollen Abfahrt ist **Vorsicht** geboten, denn wir treffen gegenüber der Ziegelei auf die vorfahrtsberechtigte, quer verlaufende Staatsstraße nach Abensberg!

Wer historisch interessiert ist und das ausgegrabene Römerkastell Abusina bei Eining besuchen will, muss hier den Radweg nach rechts nehmen. Ebenso diejenigen, die mit der Fähre nach Hienheim übersetzen und die Radroute über Eichstätt nehmen wollen. Diese Donaufähre hatte bereits im Mittelalter große Bedeutung, insbesondere für den Handel mit Salz.

Wir folgen der Staatsstraße nach Abensberg auf dem begleitenden Radweg ein ganz kurzes Stück nach links. Dann biegen wir nach rechts ab auf einen Feldweg, der uns durch Hopfengärten nach **Sittling** bringt. Dort biegen wir nach links auf die Hauptstraße ein und fahren nach **Bad Gögging**. In der Ortsmitte passieren wir die alte Kirche.

Kelheimwinzer: Kelheimwinzer besitzt zwei Jakobskirchen. Eine neue von 1956 an der Kelheimwinzerer Straße, in die u. a. der barocke Hochaltar und die Figur des hl. Jakobus d. Ä. aus der alten Kirche übertragen wurden. Die alte Jakobskirche ist eine frühgotische Chorturmkirche, die sich mit ihrer barocken Kuppelhaube neben den hohen Donaudamm duckt. Auch dieses Kirchlein steuern wir an, da es wohl an der alten Handelsstraße Regensburg – Kelheim lag und sicher bereits früher von Jakobspilgern aufgesucht wurde.

Staubing: Die Kirche St. Stephan von Staubing ist ein einheitlicher Saalbau von 1720 bis 1752. Bemerkenswert ist das Deckengemälde mit der Darstellung eines Stephanus-Mirakels, weil es sich inmitten der das Dorf umgebenden Donaulandschaft abspielt.

Bad Gögging: Die ehemalige Kirche St. Andreas wurde um 1200 gebaut und 1504 nach einem Brand wiederhergestellt. Unbedingt sehenswert ist der reiche Skulpturenschmuck des Nordportals. Auch hier ist die Deutung des christologischen Programms umstritten. Jedenfalls ist ein so reicher Figurenschmuck an einer so kleinen Kirche einzigartig. Bad Gögging hat dem Anschein nach seit der Römerzeit eine ununterbrochene Tradition als Heil- und Kurbad. Heute besitzt es neben den Schwefelquellen auch eigenes Naturmoor und eine Mineralthermalquelle.

Nordportal der ehemaligen St.-Andreas-Kirche

Bad Gögging – Ingolstadt 37,2 km

Heute kann man größere Übersetzungen fahren: Während der gesamten Etappe geht es auf dem Donau-Radweg ohne nennenswerte Höhenunterschiede durch die Flussaue; häufig auf dem feinen Kies der Donaudämme, aber nur selten – wenn wir Dörfer und Städte passieren – auf Teerstraßen.

Wir fahren auf der Hauptstraße über die Abens und in einem Bogen halbrechts nach **Neustadt a. d. D.**, wobei wir den Radweg auf der linken Straßenseite benützen können. Unsere Route berührt Neustadt nur an der Nordseite. Vor Erreichen des Stadtkernes biegen wir rechts ab auf den Radweg entlang der Bundesstraße 299. Am Eingang des folgenden Ortsteiles Wöhr fahren wir wieder rechts durch den Ort bis zum Donaudamm, dem wir nach links folgen. An der Unterführung der B 299 bringen uns zwei große Schleifen zuerst auf die Brücke hinauf und dann wieder hinunter. Von nun an geht es auf dem aufgekiesten Donaudamm ein gutes Stück entlang der Donau, bis uns ein Feldweg die Richtung durch die Aue der Alten Donau hinein nach **Pförring** weist. Dabei verlassen wir das Gebiet des Landkreises Kelheim, der noch zum Regierungsbezirk Niederbayern gehört. Unser Weg biegt wiederum vor dem Ortszentrum gleich nach der Brücke über die Alte Donau nach links ab. Am Ortsrand biegen wir halbrechts in einen Feldweg in Richtung Dötting ein, da die kurvige Ortsverbindungsstraße nach Wackerstein keinen Radweg aufweist. Vor **Dötting** geht es dann wieder links auf einem Radweg entlang einer Teerstraße in diesen Ort hinein. Der weithin sichtbare, steile Ab-

Blick auf Ingolstadt

bruch eines Juraausläufers wurde schon früh befestigt. Seither blickt die Burg – heute Schloss – auf den Donaufluss und die Donautalstraße hinunter. Wir umrunden den Steilabfall und nehmen im Dorf die alte Straße nach **Dünzing** und weiter bis zur Donaubrücke von **Vohburg** (Bundesstraße B 16a), die wir überqueren müssen, um in die Stadt zu gelangen.

Unsere Route führt uns auf der Donaustraße von Norden her in die Altstadt, an deren südlichem Ausgang durch das Kleine Donautor rechts herum und durch die Burgstraße zurück zum Auertor, welches wir in Richtung Westen durchfahren. Wir suchen die Auffahrt zum Donaudamm und fahren auf naturhartem Untergrund weiter den Fluss aufwärts und über die Mündung der Paar hinweg. Von nun an begleitet uns auf der rechten Seite die Donau und auf der linken Seite ihr kleiner Nebenfluss Paar, bis unser Weg ein wenig nach links ausholt, um nach rechts die Auffahrt zur Donaubrücke hinüber nach **Großmehring** zu gewinnen.

Wir fahren jedoch nicht nach Großmehring hinein, sondern unterqueren die Brückenabfahrt in einer Schleife nach rechts, um unsere Fahrt nun auf dem Donaudamm des Nordufers bis nach **Ingolstadt** hinein fortzusetzen. Archäologen und Historiker haben Hinweise, dass irgendwo an dieser Strecke die Übergangsstelle der antiken Fernstraße Augsburg – Regensburg über die Donau gewesen sei. Auffälliger ist hier heute ein Wasserübungsplatz der Bundeswehr.

Der Altstadt von Ingolstadt nähern wir uns über die Schlosslände unter der Schillerbrücke hindurch. Dann biegen wir nach rechts in die

Roßmüllerstraße ein und umfahren das **Neue Schloss** über die Esplanade und den Paradeplatz. Wir lassen uns nicht dazu verführen, auf dem Paradeplatz gegenüber dem Eingang zum Armeemuseum direkt nach rechts in die Ludwigsstraße – die Fußgängerzone – einzubiegen, sondern nehmen die nächsten parallelen kleinen Straßen – Reiterkasernenstraße, Hallstraße, Hieronimusgasse –, sodass wir am Alten Rathaus mit dem Tourismusbüro herauskommen. Gleich daneben befindet sich die **Pfarrkirche St. Moritz mit dem Pfeifturm**. Wir biegen nach rechts in die Moritzstraße ein und fahren dann durch die zentrale Theresienstraße nach links hinaus aus der Altstadt. Dabei kommen wir zum **Liebfrauenmünster** und schließlich zum Kreuztor. Wer zur **Alten Anatomie** will, muss hier vorher links abbiegen. Nach dem Kreuztor treffen wir auf die Jahnstraße, auf deren Radweg wir nach rechts zur Donau und zur Schlosslände zurückkehren.

Neustadt an der Donau: Neustadt ist eine der typischen Stadtgründungen der frühen Wittelsbacher, hier platziert zur Sicherung der Donautalstraße und der Donauschifffahrt. Sie ist gekennzeichnet durch ihre planmäßige quadratische Anlage mit einem Hauptstraßenkreuz. Die eine Durchgangsachse ist verbreitert für den Straßenmarkt, an der Gegenachse liegen die Kirche und das Rathaus. Neustadt erlitt am Ende des Krieges schwere Zerstörungen. Man versuchte jedoch, das historisch überlieferte Ortsbild beim Wiederaufbau zu erhalten. Dies trifft auch auf die Stadtpfarrkirche St. Laurentius zu – eine spät-

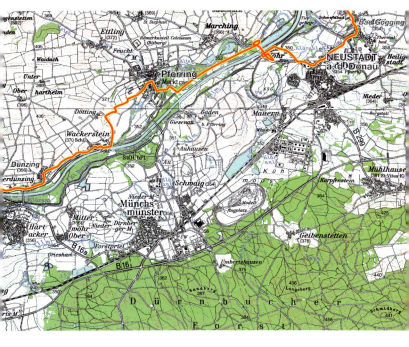

gotische Hallenkirche mit spärlichen Resten gotischer Ausstattung. Die Stadt dehnte sich nach der Hochwasserfreilegung der Donauaue in das Umland aus; landschaftsbeherrschend sind heute die Raffinerieanlagen im Südwesten.

Pförring: Der Markt Pförring liegt schon im Regierungsbezirk Oberbayern. Und wieder reicht die Geschichte des Ortes in die Römerzeit zurück. Das Kastell Celeusum einer römischen Reitereinheit (Ala) lag etwa 100 m nördlich des Ortskernes auf einer Bodenerhebung. Seine Chronologie ist ähnlich der des Kastells Eining. Es wurde etwa 141 n. Chr. in Stein ausgebaut und war bis zum Ende des Limes besetzt. Die Umrisse des Areals von 3,9 Hektar sind heute mit Sträuchern und Hecken bewachsen. Das Kastell liegt in der Fluchtlinie der römischen Fernstraße Augsburg – Regensburg, einstmals eine der wichtigsten Verbindungen der Provinz Rätien.

Bei Pförring befand sich seit jeher ein wichtiger Übergang über die Donau – sei es durch eine Furt oder mittels Fähre –, da der Fluss hier breit und seicht war. Möglicherweise ist mit dem im Nibelungenlied als „ze Vergen" (bei den Fährleuten) erwähnten Ort einer Donauüberschreitung Pförring gemeint. Auch der Ortsname geht auf diese alte oberdeutsche Berufsbezeichnung für den Fährmann zurück. Die Pfarrkirche St. Leonhard ist ursprünglich eine dreischiffige Zweiturmbasilika von 1180, die 1554 nach einem Brand ein einschiffiges Langhaus bekam, welches 1711 verlängert und barockisiert wurde. An der Nordseite finden sich noch zwei romanische Portale. An der südlichen Außenwand der Friedhofskapelle St. Sebastian sind römische Spolien aus dem Kastell und dem Lagerdorf eingemauert.

Vohburg: So klein einem Vohburg als Stadt heute erscheinen mag, so bedeutend war es im Hochmittelalter. Der Burgberg, ein südlicher Ausläufer des Jura, und die sie umgebende Stadt waren im Mittelalter noch von der Donau umflossen und so natürliche Festung und Flussübergang zugleich. Die Burg war bis 1204 im Besitz der Diepoldinger aus Cham, die mit den Staufern eng verbunden waren. Dann ging sie in den Besitz der Wittelsbacher über. Es war in Vohburg, wo Albrecht III. 1431 heimlich die Augsburger Baderstochter Agnes Bernauer heiratete und mit ihr vier Jahre lebte, bis die Unglückliche aus dynastischen Gründen in Straubing in der Donau ertränkt wurde. Was ziemlich unbekannt ist: Das Paar hatte auch zwei Kinder, den Sohn Albrecht vom Hof und die Tochter Sibylle. Die Burg selbst wurde dreimal zerstört, 1641 endgültig durch die Schweden. Die Wittelsbacher entschieden sich bereits Mitte des 13. Jh., zur Sicherung ihrer regionalen Neuerwerbungen eine neue Stadt zu gründen – eben Ingolstadt. Ingolstadt übernahm die Rolle Vohburgs, das damit ins politische und wirtschaftliche Abseits geriet. In der Neuzeit trugen die Ansiedlung einer Erdölraffinerie und eines Dampfkraftwerkes zu einer gewissen wirtschaftlichen Aufwärtsentwicklung bei.

Die Pfarrkirche St. Peter auf dem Burgberg ist eine barocke Saalkirche, die 1820/23 umgestaltet wurde. Sie ist damit eines der seltenen Beispiele eines klassizistischen Kirchenbaues. An das Mittelalter er-

Das Liebfrauenmünster in Ingolstadt

innern nur noch einige Grabplatten an den Wänden. Die ehemalige Pfarrkirche St. Andreas zu Füßen des Burgbergs wurde profaniert und – was sicherlich auch selten ist – 1952 zu einem Rathaus umgebaut. Von der ehemaligen Stadtbefestigung stehen noch drei Tore.

Großmehring: Auch Großmehring wird als „moeringen" bereits im Nibelungenlied genannt. Hier war es, wo die Burgunder über die Donau setzen wollten und wo der grimme Hagen, als sich der Fährmann weigerte, kurzerhand zum Schwert griff und den „fergen" erschlug.

Ingolstadt

Neues Schloss: Mit dem Bau – Musterbeispiel einer gotischen Fürstenburg – wurde 1418 unter Ludwig dem Gebarteten begonnen. En-

Ingolstadt

Ingolstadt ist nach Regensburg die zweite Großstadt, die wir auf der Radroute des Ostbayerischen Jakobsweges berühren. Zwar war das Ingolstädter Becken mit seinen drei fluktuierenden Donauarmen seit der Keltenzeit kontinuierlich besiedelt – man denke nur an das 8 km entfernte Manching, das Zentrum der keltischen Vindeliker –, doch begann die Geschichte von Ingolstadt als Stadt erst um 1250 mit ihrer geplanten Gründung durch die Wittelsbacher. 1363 wurde sie bereits erweitert und der Hauptarm der Donau an die Stadt herangeführt. Ihre erste große Zeit kam, als die Enkel Kaiser Ludwigs des Bayern 1392 das Land unter sich aufteilten und Ingolstadt Residenzstadt des Herzogtums Bayern-Ingolstadt wurde. Anfang des 15. Jh. wurde mit dem Bau des Neuen Schlosses und des Liebfrauenmünsters begonnen. 1447 fiel Bayern-Ingolstadt wieder an Bayern-Landshut. 1472 wurde Ingolstadt Standort der ersten Universität in Bayern und damit ein Zentrum humanistischer Bildung, das mit Namen wie Conrad Celtis, Aventinus und Peter Apian verknüpft ist. Auch Dr. Johannes Eck, Gegenspieler von Martin Luther, wurde an die Hohe Schule berufen. Mit Petrus Canisius kamen die ersten Jesuiten. Der Astronom Christoph Scheiner entdeckte hier 1611 die Sonnenflecken. 1539 wurde mit dem Bau der Renaissance-Festung begonnen, da die Stadt zur Landesfestung erhoben worden war. Im 30-jährigen Krieg gelang es den Schweden unter Gustav Adolf nicht, die Stadt einzunehmen. Marschall Tilly starb in der belagerten Stadt. Im 18. Jh. musste die Festung jedoch zweimal den Belagerern geöffnet werden. Sie wurde als veraltet ab dem Jahr 1800 geschleift. Zur gleichen Zeit wurde die Universität nach Landshut verlegt (1826 gelangte sie von dort aus nach München). Ab 1828 begann Leo von Klenze mit dem Bau der klassizistischen Festung. Die Industrialisierung hielt Einzug mit der Anbindung an die Eisenbahn und dem Aufbau von Rüstungsbetrieben. Im Zweiten Weltkrieg wurde Ingolstadt schwer zerstört, der Festungsgürtel und viele Außenwerke wurden auf Anordnung der Amerikaner geschleift. In den fünfziger und sechziger Jahren wurde mit dem Neubau der Audi-Autofabrik und dem Ausbau der Region zum bayerischen Energiezentrum der Grundstein zur anhaltenden Entwicklung der Stadt gelegt, nicht nur auf wirtschaftlichem, sondern auch auf kulturellem Gebiet. Mit der Gründung der Kath. Universität Eichstätt-Ingolstadt kehrte 1980 erneut universitäres Leben in die Stadt zurück.

de des 15. Jh. wurde er durch die Landshuter Herzöge erweitert. Bereinigt um zahlreiche Veränderungen durch die Jahrhunderte und nach Beseitigung der Kriegsschäden beherbergt es heute das Bayerische Armeemuseum.

Pfarrkirche St. Moritz und Pfeifturm: Die Kirche ist die älteste Pfarrkirche in Ingolstadt. Ihr Patrozinium geht auf das Kloster Niederaltaich zurück und beweist das hohe Alter der ursprünglichen Siedlung. Die Kirche wurde nach den Zerstörungen des Krieges spätgotisch rekonstruiert. Die Innenausstattung setzt sich aus vielen gotischen und barocken Einzelstücken zusammen. Der Pfeifturm – städtischer Wachturm – wurde auf das Westjoch des südlichen Seitenschiffes aufgesetzt.

Stadtpfarrkirche Zur Schönen Unserer Lieben Frau: An dem in Ziegelbauweise ausgeführten Liebfrauenmünster wurde ab 1425 für etwa 100 Jahre gebaut. Die komplexe Bauaufgabe – gleichzeitig bürgerliche Stadtpfarrkirche zu sein und fürstlichem Repräsentationsanspruch zu genügen – führte zu einer für die Zeit fortschrittlichen, nichtsdestoweniger aber eigenwilligen architektonischen Lösung: Eine dreischiffige Staffelhalle von großen Ausmaßen, alle Wände stark durchfenstert, mit Kapellenumgangschor sowie einer Zweiturmfassade mit auf übereck gestellten Türmen (was es nirgendwo sonst gibt). Der Hochaltar, ein Hauptwerk des aus Altbaiern stammenden Hans Mielich von 1560 bis 1572, ist ein sehr später Wandelaltar, darstellend das Leben und Wirken Christi und das Marienleben. Eine detaillierte Beschreibung würde den Rahmen sprengen. In einer subjektiven Auswahl sei besonders hingewiesen auf die berühmten doppelten Rippensysteme in den Langhauskapellen, die im Chorhaupt versammelten Reste der originalen Glasgemälde, die von ersten Adressen Nürnberger und Landshuter Glaskünstler stammen, und die zahlreichen Grabplatten. In der dritten Langhauskapelle von Nordwesten – der Kapelle der Dreimal Wunderbaren Mutter – befindet sich am barocken Altar das Gnadenbild, eine Kopie nach dem Maria-Schnee-Bild in Rom.

Kreuztor in Ingolstadt

Alte Anatomie: Sie wurde 1723–1725 im Auftrag der medizinischen Fakultät der Universität vermutlich durch den Eichstätter Hofbaumeister Gabriel de Gabrielis erbaut. Heute dient sie als Deutsches Medizinhistorisches Museum. Unbedingt sehenswert ist der ehemalige anatomische Hörsaal mit seinem barocken Deckenfresko.

Ingolstadt – Donauwörth 58,6 km

Nach Erreichen des südlichen Donauufers bringen uns auch heute wieder bequeme Radwege, die zumeist auf Hochwasserdämme oder ehemalige Bahntrassen gelegt sind, in die Donauaue zurück. Ohne große Umwege und ganz ohne Steigungen treffen wir erst mitten in Neuburg a. d. Donau wieder auf den Fluss und die uns auf das Nordufer hinüberführende Brücke. Es lohnt sich jedoch unbedingt, vorher Zeit in die Besichtigung von Stadt und Schloss zu investieren. Bis nach Donauwörth müssen wir dann noch einige nicht unbeachtliche Hügel überqueren, da hier die Ausläufer des Fränkisch-Schwäbischen Juras bis an den Fluss heranreichen. Aber immer wieder bekommen wir die erstrampelten Höhenmeter bei der folgenden Abfahrt zurück.

An der Donau fallen sofort die Glacisbrücke und die geschwungene Fußgängerbrücke davor auf, über die wir die Flussseite wechseln. Unter der Glacisbrücke hindurch kommen wir in den Luitpoldpark. Es geht weiter durch den Park bis zur Staustufe. Von dort aus fahren wir auf dem Donaudamm schnurgerade nach **Weichering**. Dort biegen wir am Ortsende nach rechts über die Bahnlinie ab und fahren weiter durch die Donauauen. Wenn wir aus dem Wald heraus auf freies Feld kommen, halten wir uns links zum Gut Rohrenfeld. Dort nimmt uns eine Allee auf, die uns zu einem hier nicht erwarteten Gebäude bringt. Es ist das Jagdschloss Grünau der Neuburger Fürsten, gelegen inmitten großer Eichen- und Buchenwälder. Die Neuburger Fürsten hatten es offenbar eilig, zur Jagd zu kommen, denn das folgende Stück nach Neuburg hinein ist die längste Gerade auf dem ganzen Ostbayerischen Jakobsweg. In **Neuburg** suchen wir den direkten Weg zur Donaubrücke neben dem Schloss auf dem Altstadthügel, der das Stadtbild beherrscht.

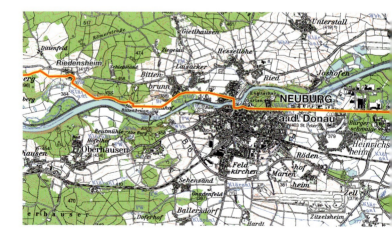

Mündung der Wörnitz in die Donau in Donauwörth

Wir überqueren die Brücke und nehmen danach an der Ampel sofort den Radweg nach links entlang der Monheimer Straße. Es geht in Richtung Bittenbrunn. Auf halber Strecke wechselt der Radweg die Straßenseite. Im Ort biegen wir sofort nach links in die Eulatalstraße ein. Vor einem Bildstock biegen wir halbrechts auf einen Feldweg ab und fahren über freies Feld auf den Hangwald zu, der sich an die Donau heranschiebt. Hier durchfahren wir, eingezwängt neben der Donau, ein Stück der Stepperg-Neuburger Talenge, nämlich ihr Durchbruchstal durch den Fränkischen Jura. Der Finkenstein steht wegen seiner geologischen und botanischen Besonderheiten unter Naturschutz. Unser Weg führt uns um diesen Felshang herum nach **Riedensheim**. Von dort kürzen wir die Donauschlinge ab und fahren auf betonierten Feldwegen hügelan. Bei einem Wegkreuz stoßen wir auf

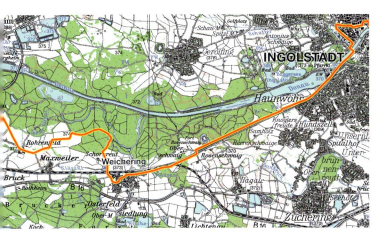

Jagdschloss Grünau

ein querlaufendes Teersträßchen, dem wir nach links über die Hügelkuppe hinweg und durch eine Allee hinunter nach **Stepperg** folgen. Die schnurgerade Linienführung über Berg und Tal ist verdächtig. Und in der Tat befinden wir uns wieder auf der Trasse einer Römerstraße, diesmal in Richtung auf die längst verschwundene römische Donaubrücke bei Stepperg. Hinter Stepperg wird es wieder flach. Am Ortseingang von **Rennertshofen** (Ortsteil Hatzenhofen) biegen wir nach links auf einen Wirtschaftsweg ein, überqueren das Flüsschen Ussel und fahren durch die Felder hinüber nach **Bertoldsheim**, das zusammen mit der von dem Eichstätter Hofbaumeister Gabriel de Gabrielis im 18. Jh. erbauten eindrucksvollen Schlossanlage auf einem Hügel über dem Donautal liegt. Auf der gegenüberliegenden Seite des Hügels geht es wieder hinunter. Wir überqueren die Staats-

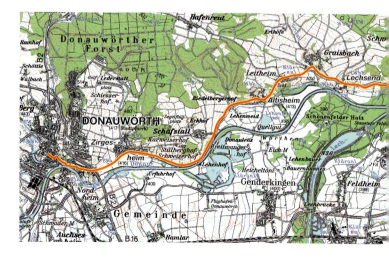

straße nach Marxheim und fahren auf einem schönen Sträßchen durch den Auwald. Im Ortsteil Bruck treffen wir auf die dort die Donau querende Teerstraße. Wir folgen ihr nach rechts in den Markt **Marxheim** hinein. Dort biegen wir bei der Kreuzung nach links in die Staatsstraße ein und fahren über die flussabgewandte Seite des Schlossberges nach **Lechsend** hinüber. Gegenüber mündet der Lech in die Donau. Man hat von der Höhe immer wieder beeindruckende Tiefblicke auf die Auwälder der Lechmündung und an schönen Tagen Fernblicke bis zu den Alpen. In den Wäldern des Schlossberges verbirgt sich der Burgstall der im Hochmittelalter bedeutenden Grafen von Lechsgemünd. Von nun an geht es immer bergauf und bergab auf dem die Staatsstraße begleitenden Radweg: zuerst in einem Schlenker an Graisbach heran, dann hinauf zum sehenswerten Schloss Leitheim und das es umgebende Dorf, schließlich zügig hinunter nach **Altisheim**. Wir verlassen den Radweg entlang der Staatsstraße nicht mehr, bis wir zuerst **Zirgesheim** und dann den Endpunkt des Ostbayerischen Jakobsweges – die ehemals Freie Reichsstadt **Donauwörth** – erreicht haben. Ihr nähern wir uns von Osten über die Zirgesheimer Straße unter der Bundesstraße 2 hindurch. Kurz vor der Donaubrücke machen wir einen Schlenker nach rechts in die Förgstraße und gleich wieder nach links in den Fußweg zur Promenade, wo wir beim Ochsentörl ankommen. Gleich dahinter ist das Tourismusbüro der Stadt.

Jagdschloss Grünau: Das Wasserschloss besteht aus einem älteren und einem neueren Teil, beide wurden aber unter Pfalzgraf Ottheinrich um die Mitte des 16. Jh. als Morgengabe für seine Frau Susanna von Brandenburg-Kulmbach errichtet – eine interessante und zudem weitgehend ungestörte Kombination aus Spätgotik und Frührenaissance. Im Alten Bau finden sich die bedeutendsten profanen Renaissancefresken Bayerns. Leider ist eine Besichtigung nicht möglich.

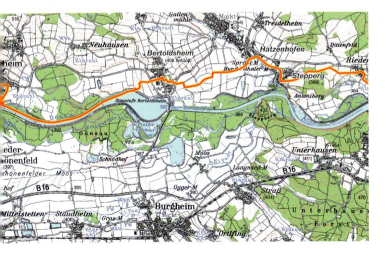

Ottheinrich von der Pfalz – der fürstliche Jakobspilger

1519 begleitete Ottheinrich seinen Onkel, den Kurfürsten Friedrich von der Pfalz, nach Spanien zum Antrittsbesuch bei Kaiser Karl V. Von Barcelona aus trat er eine Rundreise durch Spanien und Portugal an. Über Santiago de Compostela kehrte er in den Norden zurück. Die Tagesstrecken bewegten sich den Berichten zufolge zwischen 30 und 40 km, die der Fürst nicht zu Fuß gegangen sein wird. 1521 reiste Ottheinrich ins Heilige Land. Er war damit der letzte Reichsfürst, der die Pilgerfahrt zum Heiligen Grab unternahm. 20 Jahre später schloss er sich der Reformation an.

Neuburg a. d. D.: Die Stadt liegt direkt am südlichen Ufer der Donau neben einer Insel. Obwohl der Platz seit der Römerzeit besiedelt war und Neuburg im frühen Mittelalter eine nicht unbedeutende Rolle in der bayerischen Geschichte spielte, ist es geprägt durch seine Zeit als Fürstensitz des Fürstentums Pfalz-Neuburg. Dieses wurde 1505 am Ende des Landshuter Erbfolgekrieges im „Kölner Spruch" durch Kaiser Maximilian I. für die beiden Brüder Ottheinrich und Philipp als sog. „Junge Pfalz" eingerichtet. Während Philipp eine militärische Laufbahn einschlug und verarmt starb, entwickelte sich Ottheinrich zu einem typischen Renaissancefürsten mit allen Licht- und Schattenseiten (bis hin zur Zahlungsunfähigkeit). Nach und nach ließ er die mittelalterliche Hofburg zu einer Prunkresidenz im Renaissance- und Barockstil ausbauen. 1542 führte er in seinem Land die Reformation ein. Die gerade fertig gestellte Schlosskapelle wurde so zum ersten evangelischen Kirchenraum der Welt. 1556 wurde Ottheinrich sogar noch für drei Jahre Kurfürst von der Pfalz. Neuburg wurde 1617 zusammen mit dem Landesherrn wieder katholisch, 1777 mit Bayern wiedervereinigt.

Im unbedingt besuchenswerten Ensemble des Schlosses stechen besonders hervor der „Neue Bau", der „Ottheinrichsbau" mit seiner mit Sgraffito-Malereien geschmückten Hofseite und die Schlosskapelle, die 1542 durch den Salzburger Hans Bocksberger komplett mit alttestamentarischen Themen ausgemalt wurde und die ihrer Qualität wegen auch als „Bayerische Sixtina" bezeichnet wird. Von den zahlreichen Kirchen der Stadt sei besonders hingewiesen auf die ehemalige Hofkirche Mariä Himmelfahrt und die Stadtpfarrkirche St. Peter. Beides sind rare Beispiele frühbarocker dreischiffiger Hallenkirchen. Die eine begonnen 1602 als protestantischer „Konkurrenzbau" zur jesuitischen Michaelskirche in München, dekoriert mit italienischen Stuckaturen und ursprünglich eingerichtet mit barocken Altären, für die kein Geringerer als Peter Paul Rubens die Altarblätter malte (heute in der Alten Pinakothek in München). Mit dem Bau der anderen wurde etwa 50 Jahre später begonnen. Trotzdem folgt sie dem Bauprinzip der Hofkirche. Bemerkenswert ist der Hochaltar von

1760 mit den Figuren von Johann Michael Fischer. Um das Schloss gruppieren sich in der Oberen Stadt einige kongeniale Wohnbauten. Von der ehemals starken Stadtbefestigung ist nur der Mauerring der Oberstadt noch ziemlich gut erhalten.

Stepperg – Antoniberg: Aus Stepperg heraus kann man am Schloss vorbei auf einem von Linden gesäumten Fußweg auf den Antoniberg mit der Wallfahrtskirche St. Antonius und St. Anna sowie einem Mausoleum wandern. Von dort hat man einen schönen Rundblick auf das Donautal von Schloss Bertoldsheim im Westen bis Schloss Neuburg im Osten.

Schloss Leitheim: Im 17. Jh. auf einem früheren Weinberggelände über dem steil abfallenden Donauufer als Sommersitz der Äbte des Zisterzienserklosters Kaisheim erbaut, ist es heute im Besitz der Freiherren von Tucher. Bestes bayerisch-schwäbisches Rokoko ist die Ausstattung der Repräsentationsräume, ebenso wie die Schlosskirche St. Blasius. Im Schloss finden die bekannten Leitheimer Schlosskonzerte statt.

Weiterweg in Richtung Santiago de Compostela

Um das Fernziel Bodensee zu erreichen, benützt der Radpilger am besten ab Donauwörth den Radweg „Romantische Straße", der über Augsburg nach Landsberg am Lech (und weiter in Richtung Allgäu) verläuft. Von Landsberg hat er mehrere Optionen unterschiedlicher Schwierigkeitsgrade, um schließlich nach Lindau zu gelangen.

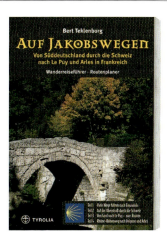

Bert Teklenborg
Auf Jakobswegen

Von Süddeutschland durch die Schweiz nach Le Puy und Arles in Frankreich
Wanderreiseführer – Routenplaner
Neuauflage 2004
144 Seiten; 26 farbige und 16 sw. Abbildungen;
55 zweifarbige Karten
Klappenbroschur
ISBN 3-7022-2627-3

Dank / Nachwort

Wo beginnen, Dank abzustatten, bei zwei Wegen mit etwa 500 und 400 km Gesamtlänge, die durch zwei Staaten führen und allein in Bayern vier Regierungsbezirke und zwei Großstädte berühren? Sicherlich beim gesamten Präsidium der Fränkischen St. Jakobusgesellschaft Würzburg e. V. und insbesondere bei ihrem Sekretär Herrn Ferdinand Seehars aus Uffenheim, welche das Projekt „Ostbayerischer Jakobsweg" initiierten und mit ihrer aus dem Beitragsaufkommen stammenden finanziellen Unterstützung erst ermöglichten.

Aber auch bei dem Santiagopilger Ludvik Divis aus Brno / Brünn, der mir mit nicht erlahmendem Engagement als Berater und Wegbegleiter bei der Erschließung der „tschechischen Südvariante" half. Wir kamen mehr oder weniger zufällig (oder war es doch Fügung?) gerade zum richtigen Zeitpunkt in Kontakt und sind über die gemeinsam gewählte Aufgabe zu Freunden geworden. Ihm fehlt noch ein Stück auf seinem Weg nach Santiago – Ultreia und Buen Camino!

Aber dann? Wo immer ich anklopfte, bei Behörden, Kommunen, kommunalen Organisationen, Tourismusämtern und -verbänden, bei den Repräsentanten der Diözesen Regensburg und Eichstätt, bei den Pfarrämtern, Klöstern, überall wurde mir das Gefühl vermittelt, offene Türen einrennen zu wollen. Sie alle haben es mir leicht gemacht. Sonst wäre es auch unmöglich gewesen, ein derartiges Projekt binnen zwei Jahren zu konzipieren und abzuwickeln. Auch ihnen gilt mein tief empfundener Dank.

Bildnachweis: Soweit nicht anders angegeben stammen alle Abbildungen vom Autor. S. 31 Tourist-Information der Stadt Eichstätt, S. 105 Katharinenspitalstiftung Regensburg, S. 112 Diözesanmuseum Regensburg, S. 119 Tourismusverband Ostbayern, S. 139 Konrad Held, Eichstätt, S. 140 Diözesanmuseum Eichstätt, S. 172 Erich Piendl, Cham, S. 174 Tourist-Information der Stadt Cham, S. 168, 187, 191 Tourist-Information der Stadt Ingolstadt, S. 152, 195 Tourist-Information der Stadt Donauwörth.

Literatur

Ausstellungskatalog (2005): Scoti Peregrini in Sankt Jakob, Bd. 21, Bischöfliches Zentralarchiv Regensburg, Verlag Schnell und Steiner, Regensburg

Bauer, Karl (1997): Regensburg, Mittelbayerische Druck- und Verlagsgesellschaft, Regensburg

Dehio, Georg: Handbuch der Deutschen Kunstdenkmäler, Bayern II (1988), III (1989), IV (1990), V (1991), Sonderausgabe der Wissenschaftlichen Buchgesellschaft Darmstadt

Fischer, Klaus (2003): Regensburger Hochfinanz, Universitätsverlag Regensburg

Graf, Bernhard (1991): Oberdeutsche Jakobsliteratur, tuduv-Verlagsgesellschaft, München

Hausberger, Klaus (2004): Das Bistum Regensburg, Verlag Friedrich Pustet, Regensburg

Jánský, Jirí (2004): Chronik der böhmisch-bayerischen Grenze IV, Verlag Cesky les Domažlice

Morsbach, Peter/Spitta, Wilkin (2001): Dorfkirchen in der Oberpfalz, Verlag Friedrich Pustet, Regensburg

de la Riestra, Pablo (2004): Kunstdenkmäler in Bayern, Nordbayern (2003), Südbayern (2004), Wissenschaftliche Buchgesellschaft Darmstadt

Scheuerer, Kurt: Materialsammlung zur Geschichte von Ingolstadt, Stadtmuseum Ingolstadt

Stocker, Mona (2001): Die Schottenkirche St. Jakob in Regensburg, Universitätsverlag Regensburg

Des Weiteren wurden Informationen verwendet, die derzeit etwa durch Kommunen, Touristenverbände und kirchliche Organisationen auf ihren Homepages ins Internet gestellt wurden.

Maximilian Bogner
Auf dem Jakobsweg durch Südost-Bayern

Von Passau über Altötting nach Kufstein und von Salzburg zum Hohen Peißenberg
176 Seiten; 100 farbige Abbildungen;
60 farbige Kartenausschnitte;
Klappenbroschur
ISBN 3-7022-2565-X

Zwei Jakobswege – mit ausführlichen Informationen für den Fuß- und Radpilger erschlossen: von Passau über Altötting nach Tirol und nördlich der Alpen, von Salzburg dem Chiemsee entlang, zum Peißenberg.

Alle Angaben in diesem Führer wurden sorgfältig recherchiert und erfolgen nach bestem Wissen des Autors. Sollten Sie trotzdem Unstimmigkeiten entdecken, nehmen Autor und Verlag gerne Verbesserungsvorschläge und Korrekturhinweise entgegen (buchverlag@tyrolia.at).
Die Benutzung dieses Führers geschieht auf eigenes Risiko.
Eine Haftung für etwaige Unfälle und Schäden wird aus keinem Rechtsgrund übernommen.

Mitglied der Verlagsgruppe „engagement"

Bibliografische Information Der Deutschen Bibliothek
Die Deutsche Bibliothek verzeichnet diese Publikation in der Deutschen Nationalbibliografie; detaillierte bibliografische Daten sind im Internet über http://dnb.ddb.de abrufbar.

2006
© Verlagsanstalt Tyrolia, Innsbruck
Umschlaggestaltung: Tyrolia-Verlag unter Verwendung eines Bildes von Hans J. Kolbinger
Titelbild: Die Wallfahrtskirche von Bettbrunn
Layout und digitale Gestaltung: Tyrolia-Verlag
Karten: Die Kartenausschnitte für den Ostbayerischen Jakobsweg wurden der topografischen Karte 1:50.000 (Fußweg) bzw. 1:100.000 (Radweg) des Bayer. Landesvermessungsamtes entnommen; Abdruck mit freundlicher Genehmigung des Landesamtes für Vermessung und Geoinformation Bayern, Nr. 71/06. Die Kartenausschnitte für die tschechische Südvariante (Fußweg) wurden den Wanderkarten des Tschechischen Touristenklubs KCT im Maßstab 1:50:000 (Edice Turistickych Map) entnommen, die der Radvariante basieren auf der Freytag & Berndt-Karte im Maßstab 1:100.000; Abdruck mit freundlicher Genehmigung von Freytag & Berndt, Prag.
Routeneintrag: Rolle-Kartografie, D-Holzkirchen, nach Vorlagen des Autors
Lithografie: Athesia-Laserpoint, Innsbruck
Druck und Bindung: Finidr s.r.o., Český Těšín, Czech Republic
ISBN-13: 978-3-7022-2728-9
ISBN-10: 3-7022-2728-8
E-Mail: buchverlag@tyrolia.at
Internet: www.tyrolia.at

Jakobswege in Bayern und Tschechien

Streckenplaner
- für Fußpilger in Tschechien — Seite 18
- für Fußpilger in Bayern — Seite 22
- für Radpilger in Tschechien — Seite 26
- für Radpilger in Bayern — Seite 28

Wegbeschreibung
- Tschechische Südvariante für Fußpilger — Seite 41
- Ostbayerischer Jakobsweg für Fußpilger — Seite 74
- Tschechische Südvariante für Radpilger — Seite 154
- Ostbayerischer Jakobsweg für Radpilger — Seite 168

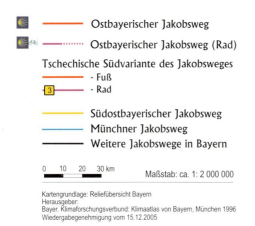

— Ostbayerischer Jakobsweg
········ Ostbayerischer Jakobsweg (Rad)

Tschechische Südvariante des Jakobsweges
— - Fuß
— - Rad

— Südostbayerischer Jakobsweg
— Münchner Jakobsweg
— Weitere Jakobswege in Bayern

0 10 20 30 km   Maßstab: ca. 1: 2 000 000

Kartengrundlage: Reliefübersicht Bayern
Herausgeber:
Bayer. Klimaforschungsverbund: Klimaatlas von Bayern, München 1996
Wiedergabegenehmigung vom 15.12.2005